KB271608

이 땅에 회복이 필요합니다

이 땅에 회복이 필요합니다

지은이 장경동
펴낸이 **안용백**
펴낸곳 (주)도서출판 넥서스

초판 1쇄 발행 2010년 5월 20일
초판 2쇄 발행 2010년 5월 25일

출판신고 1992년 4월 3일 제311-2002-2호
121-840 서울시 마포구 서교동 394-2
Tel (02)330-5500 Fax (02)330-5555
ISBN 978-89-6000-833-5 03230

저자와 출판사의 허락 없이 내용의 일부를 인용하거나
발췌하는 것을 금합니다.

저자와의 협의에 따라서 인지는 붙이지 않습니다.

가격은 뒤표지에 있습니다.
잘못 만들어진 책은 구입처에서 바꾸어 드립니다.

www.nexusbook.com
넥서스CROSS는 (주)도서출판 넥서스의 기독 브랜드입니다.

이 땅에 회복이 필요합니다

장경동 지음

넥서스CROSS

하나님이 주시는 회복의 기쁨

하나님은 세상과 인간을 창조하시고, 인간을 에덴동산에 두어 행복하게 살게 하셨습니다. 그런데 인간이 마귀의 유혹에 넘어가 하나님의 말씀에 불순종하는 죄를 짓고 말았습니다. 그 결과 에덴동산에서 쫓겨남은 물론이요, 수고와 질병, 죽음이 있는 인생을 살게 되었습니다. 하지만 인간을 사랑하시는 하나님께서는 죄를 범한 인간에게 은혜를 베푸셨습니다. 여기에 아주 중요한 하나님의 뜻이 숨겨져 있습니다. 바로 회복의 원리입니다. 성경 속에는 이러한 회복의 역사가 흘러가고 있습니다.

지금 이 땅에도 회복이 필요합니다. 각종 범죄와 사고가 끊이지 않고, 사람들은 영적으로 타락하고 있습니다. 슬픔과 절망 속에서 우울한 삶을 살아가는 영혼들도 늘고 있습니다. 심지어 이 땅의 회복을 위해 앞장서야 할 그리스도인들조차 하루에도 몇 번씩 악한 생각을 하고, 유혹에 빠지며, 하나님 앞에서 부끄러운 행동들을 하고 있습니다.

회복에 앞서 참된 회개가 필요한 때입니다. 참된 회개란 자신이 본래 있어야 할 자리로 돌아가는 것입니다. 본래 은혜받았던 자리로 돌아가시기 바랍니다. 본래 기뻐하고 감사했던 자리, 본래 사랑하고 행복했던 자리로 돌아가시기 바랍니다. 그곳에 회복의 기회가 기다리고 있습니다.

누가복음 15장에 나오는 '돌아온 탕자 이야기'를 잘 알 것입니다. 아버지 품을 떠나 혼자서 인생을 즐기며 살겠다고 나간 탕자는 세상 속에서 허랑방탕하게 살다가 가진 돈을 모두 탕진하고 아버지께 돌아갔습니다. 체면이나 눈치, 자존심을 모두 버리고 아버지 집에서 머슴으로라도 살려고 돌아갔습니다. 그랬더니 아버지가 "너는 내 자식 아니다. 다시는 이 집에 발을 들여놓지 마라!" 하고 말합니까? 아닙니다. 좋은 옷부터 입혀주고 손에 반지를 끼워주며 성대한 잔치를 베풀어줍니다. 반지를 끼워줬다는 것은 무슨 의미입니까? 권세의 회복입니다.

우리도 주님 앞에 돌아가면 주님이 우리의 모든 죄를 씻어주시고, 아픈 상처들을 치유해주시며, 모든 필요를 채워주실 것입니다. 우리 모두 돌아갑시다. 하나님의 자녀로서의 권세를 회복합시다. 우리가 있어야 할 곳, 우리가 누려야 할 삶이 무엇인지 깨달아야 합니다.

"하나님을 사랑하는 자 곧 그의 뜻대로 부르심을 입은 자들에게는 모든 것이 합력하여 선을 이루느니라"(롬 8:28). 합력하여 선을 이루는 것이 곧 회복입니다. 회복의 과정을 거치고 나면, 우리의 인격이 다듬어집니다. 한층 더 성숙한 영혼으로 거듭난 자신을 느끼게 될 것입니다. 하나님과의 관계도 더욱 긴밀해지고, 이전보다 더 큰 축복을 경험하게 될 것입니다. 하나님 안에서의 회복은 본래의 위치로 돌아가는 게 아니라, 본래보다 수천 배, 수만 배 좋은 위치로 돌아가는 것입니다. 그러니 어떠한 어려움 속에서도 낙심하거나 좌절하지 말고 회복될 때까지 참고 기다립시다. 하나님을 사랑하며 그분의 뜻대로 살면, 하나님께서 여러분의 삶을 반드시 회복시켜주실 것입니다. 그러한 믿음으로 자신의 삶과 가정, 나아가 이 땅을 회복시킬 수 있는 여러분이 되시기를 축원합니다.

대전중문교회 장경동

차례

2부

사랑의 원형을
보여주는 가정

3부

하나님의 마음으로
세우는 사회

1부

하나님 보시기에 아름다운 사람

1

속된 과거를
버리고
하나님 품으로

내게 큰 고통을 더하신 것은 내게 평안을 주려 하심이라 주께서 내 영혼을 사랑하사
멸망의 구덩이에서 건지셨고 내 모든 죄를 주의 등 뒤에 던지셨나이다(사 38:17).

인격적인 하나님의 형상을 따라 창조된 우리는 하나님과 마찬가지로 지知, 정情, 의意를 가지고 살아가며 무수한 감정들을 느끼게 됩니다. 그리고 그러한 감정들이 우리의 삶을 이끌고 지배합니다.

그런데 우리가 느끼는 감정에는 성령이 주시는 감정과 사단이 주는 감정이 있습니다. 성령이 주시는 감정은 우리를 살리기 위한 것이고, 사단이 주는 감정은 우리를 죽이기 위한 것입니다. 따라서 우리는 그 감정들을 잘 분별하여, 사단이 주는 감정에 휩쓸리지 말고 성령이 주시는 감정을 통해 승리하는 삶을 살아가야겠습니다.

성령이 주시는 감정, 사단이 주는 감정

첫째, 성령이 주시는 감정이 기쁨이라면 사단이 주는 감정은 슬픔입니다. 예수님은 요한복음 15장 11절을 통해 "내가 이것을 너희에게 이름은 내 기쁨이 너희 안에 있어 너희 기쁨을 충만하게 하려 함이라" 하고 말씀하십니다. 기쁨은 성령이 주시는 감정인 것과 동시에 우리가 지키고 추구해야 하는 것이기도 합니다.

> 항상 기뻐하라 쉬지 말고 기도하라 범사에 감사하라 이것이 그리스도 예수 안에서 너희를 향하신 하나님의 뜻이니라(살전 5:16~18).

기쁨이 있을 때 인간의 몸에는 엔도르핀이 팍팍 솟아납니다. 이것은 모르핀과 같은 진통 작용을 합니다. 그래서 웃다 보면 아픔을 잊게 됩니다. 웃음이 사람에게 힘과 생기와 활력을 불어넣어 주는 것입니다. 그래서 기뻐하는 사람은 그렇지 않은 사람보다 무슨 일이든 잘하게 됩니다. 타고난 사람이 노력하는 사람을 못 이기고, 노력하는 사람이 즐기는 사람을 못 이긴다는 말도 있지 않습니까? 결국 즐기는 사람이 세상에서 제일 강한 사람이라는 것입니다. 사업을 하든 직장생활을 하든 무엇을 하든 즐거운 마음으로 하시길 바랍니다.

그런데 사단은 우리에게 자꾸 슬픈 감정을 가져다줍니다. 슬퍼할 일, 좌절할 일들을 통해 우리를 쓰러뜨리고 하나님에게서 멀어지게 합니다. 하지만 그러한 사단의 수법에 넘어가면 안 됩니다. 하나님이 주시는 기쁨과 평안, 소망을 가지고 하루하루 승리해야 합니다.

인생을 살다 보면 우리를 슬픔에 빠지게 하는 일들이 많이 있습니다. 그중에서 사랑하는 사람의 죽음은 참으로 견디기 힘든 슬픔을 가져옵니다. 그런데 데살로니가전서 4장 13절에서는 다음과 같이 말합니다.

형제들아 자는 자들에 관하여는 너희가 알지 못함을 우리가 원하지 아니하노니 이는 소망 없는 다른 이와 같이 슬퍼하지 않게 하려 함이라.

무슨 말입니까? 소망 없는 사람이 슬퍼한다는 말입니다. 하지만 그리스도를 구주로 믿는 우리에게는 소망이 있습니다. 오랫동안 볼 수 없다는 것은 서운하겠지만 천국에서 다시 만날 소망이 있기 때문에 사랑하는 사람의 죽음도 슬퍼할 일이 아닙니다.

둘째, 성령이 주시는 감정은 평안이요, 사단이 주는 감정은 불안입니다.

보혜사 곧 아버지께서 내 이름으로 보내실 성령 그가 너희에게 모든 것을 가르치고 내가 너희에게 말한 모든 것을 생각나게 하리라 평안을 너희에게 끼치노니 곧 나의 평안을 너희에게 주노라 내가 너희에게 주는 것은 세상이 주는 것과 같지 아니하니라 너희는 마음에 근심하지도 말고 두려워하지도 말라 (요 14:26~27).

사람이 평안하게 되면 세로토닌이라는 신경전달 물질의 분비가 활발해집니다. 세로토닌은 우리의 능력을 배양시켜줍니다. 주의력과 기억력을 향상시키고 생기를 불러일으킵니다. 하나님 안에서 평안을 얻게 되면 이렇듯 능력을 십분 발휘할 수 있게 됩니다. 아무리 능력 있는 사람도 불안하면 자신의 능력을 잘 발휘할 수 없는 법입니다.

그래서 사단은 우리에게 자꾸 불안을 심어줍니다. 욥기서 3장 25~26절을 보십시오. "내가 두려워하는 그것이 내게 임하고 내가 무서워하는 그것이 내 몸에 미쳤구나 나에게는 평온도 없고 안일도 없고 휴식도 없고 다만 불안만이 있구나." 믿음의 사람 욥이 왜 이런 지경에 이르렀을까요? 바로 사단이 욥에게 역사했기 때문입니다.

누가복음 1장 28절을 봅시다. "그에게 들어가 이르되 은혜를 받은 자여 평안할지어다 주께서 너와 함께하시도다 하니." 은혜받으면 평안해집니다. 주님이 함께하시면 평안해집니다. "이것을 너희에게 이르는 것은 너희로 내 안에서 평안을 누리게 하려 함이라 세상에서는 너희가 환난을 당하나 담대하라 내가 세상을 이기었노라"(요 16:33). 예수님 안에 평안이 있다는 말입니다.

마음이 평안하다면 주 안에 있다는 증거요, 마음이 불안하거나 두렵다면 악한 사단이 역사하고 있다는 증거입니다. 따라서 사업을 하든 직장을 선택하든 결혼을 하든, 무슨 일을 앞두고 기도할 때 평안하고 담대해지면 행하고, 불안하고 염려스러워지면 하나님께 다시 한 번 지혜를 구하십시오.

셋째, 성령이 주시는 감정은 만족이요, 사단이 주는 감정은 불만입니다. 하나님 안에 있으면, 예수님께 귀한 향유를 부었던 마리아처럼 내 것을 다 드리면서도 만족하고 감사하게 됩니다. 그런데 하나님을 떠나면 세상만사가 원망스럽고 불만족스럽습니다. 하나님을 떠나 세상만 볼 때는 만족이 없습니다.

이 만족은 그냥 생기는 감정이 아니라 주님께서 내 안에 들어오셔야 생기는 감정입니다. 하나님이 우리 마음에 들어오시면, 가진 것이 없어도 넘치는 만족을 느낄 수 있습니다. 성경을 보면 다윗이나 아브라함, 사도 바울 등 믿음의 사람들은 그러한 만족을 모두 체험한 것을 알 수 있습니다. 여러분도 주님 안에서 만족함을 누리고 살기를 축원합니다.

넷째, 성령이 주시는 감정은 쾌감이요, 사단이 주는 감정은 불쾌감입니다. "사람마다 먹고 마시는 것과 수고함으로 낙을 누리는 그것이 하나님의 선물인 줄도 또한 알았도다"(전 3:13). 상쾌하고 즐거운 느낌은 하나님이 주시는 것입니다. 전도서 8장 15절에서도 다음과 같이 말합니다.

그러나 사단은 항상 우리를 불쾌하게 만듭니다. 온통 즐거운
일이 없습니다. 매사가 짜증만 날 뿐입니다. 그러니 건강하겠
습니까? 하는 일이 잘되겠습니까? 잠언 17장 22절에서는 "마
음의 즐거움은 양약이라도 심령의 근심은 뼈를 마르게 하느니
라"라고 말합니다. 약이 되고 하나님의 선물이 되는 즐거움을
누리며 살기를 바랍니다.

다섯째, 성령이 주시는 감정은 사랑이요, 사단이 주는 감정
은 미움입니다. "사랑하지 아니하는 자는 하나님을 알지 못하
나니 이는 하나님은 사랑이심이라"(요일 4:8). 사랑이신 하나님
의 형상대로 창조된 우리는 '사랑'을 베풀 줄 압니다. 또한 성경
여러 구절에서는 서로 사랑하는 것이 하나님의 뜻임을 밝히기
도 합니다.

그러나 다툼과 분쟁을 좋아하는 사단은 우리를 미워하고, 증오하게 만듭니다. "미움은 다툼을 일으켜도 사랑은 모든 허물을 가리느니라"(잠 10:12). 미워하는 마음을 버리고 사랑으로 채우길 바랍니다.

여섯째, 성령이 주시는 감정은 자유요, 사단이 주는 감정은 구속과 억압입니다. 고린도후서 3장 17절을 보면, 주님의 영이 계신 곳에는 자유가 있음을 알 수 있습니다. 또한 이사야 61장 1절에서 더욱 구체적으로 말하고 있습니다.

주 여호와의 영이 내게 내리셨으니 이는 여호와께서 내게 기름을 부으사 가난한 자에게 아름다운 소식을 전하게 하려 하심이라 나를 보내사 마음이 상한 자를 고치며 포로 된 자에게 자유를, 갇힌 자에게 놓임을 선포하며.

신앙생활에서 아주 중요한 것 가운데 하나가 무엇인 줄 아세요? 자유입니다. 말씀 안에서 자유로워야 합니다. "진리를 알지니 진리가 너희를 자유롭게 하리라"(요 8:32). 그러나 사단은 우리를 구속하고 억압합니다. 베드로후서 2장 19절에서는 "그들에게 자유를 준다 하여도 자신들은 멸망의 종들이니 누구든지 진 자는 이긴 자의 종이 됨이라"라고 말합니다. 우리가 죄짓고 사단에게 져서 사단의 종이 됐던 것입니다.

인간은 감정의 동물이기에 감정을 떠나서는 살 수가 없습니다. 간혹 사단이 주는 감정에 휩싸여 괴로울 때도 있을 것입니다. 하지만 하나님께서는 사단에게 눌린 우리 마음을 치유의 손길로 고치시고 자유를 누리게 하실 것입니다. 하나님의 성령으로 충만하여 성령이 주시는 좋은 감정이 여러분의 마음속에 가득하기를 축원합니다.

미혹의 영을 이기는 법

미혹의 영은 에덴동산에서부터 지금까지 끊임없이 활동하고 있습니다. 그러면 어떻게 해야 미혹에서 벗어날 수 있을까요?

첫째, 회개하고 하나님께로 돌아와야 합니다. 우리가 회개하고 하나님께 돌아오면 그분은 일곱 번씩 일흔 번이라도 우리를 용서하고, 회복시켜주실 것입니다.

여호와께서 말씀하시되 오라 우리가 서로 변론하자 너희의 죄가 주홍 같을지라도 눈과 같이 희어질 것이요 진홍같이 붉을지라도 양털같이 희게 되리라 너희가 즐겨 순종하면 땅의 아름다운 소산을 먹을 것이요 너희가 거절하여 배반하면 칼에 삼켜지리라 여호와의 입의 말씀이니라(사 1:18~20).

죄 사함을 받고 회복된 사람의 입에서는 다음과 같은 찬송이 고백처럼 나오게 됩니다.

주 안에 있는 나에게 딴 근심 있으랴

둘째, 항상 기도하고 깨어 있어야 합니다. "근신하라 깨어라 너희 대적 마귀가 우는 사자같이 두루 다니며 삼킬 자를 찾나니 너희는 믿음을 굳건하게 하여 그를 대적하라 이는 세상에 있는 너희 형제들도 동일한 고난을 당하는 줄을 앎이라"(벧전 5:8~9). 악한 영은 호시탐탐 우리를 쓰러뜨릴 기회를 엿보다가, 우리가 혈기 부리거나 죄지을 때 우리 안에 들어옵니다. 그래서 늘 기도하며 깨어 있어야 숨어 들어오려는 마귀까지 잡을 수 있습니다.

셋째, 쉽게 동요하지 말아야 합니다.

민족이 민족을, 나라가 나라를 대적하여 일어나겠고 곳곳에 지진이 있으며 기근이 있으리니 이는 재난의 시작이니라 너희는 스스로 조심하라 사람들이 너희를 공회에 넘겨주겠고 너희를 회당에서 매질하겠으며 나로 말미암아 너희가 권력자

들과 임금들 앞에 서리니 이는 그들에게 증거가 되려 함이라
(막 13:8~9).

세상은 날이 갈수록 더욱 어수선해질 것입니다. 마지막 날이
가까워질수록 사람들의 마음은 더욱 강퍅해지고 사단의 유혹
도 더욱 강해질 것입니다. 각종 재난과 사고도 끊임없이 일어
날 것입니다. 그렇더라도 하나님의 자녀인 우리는 믿음을 더욱
굳건히 세우고 흔들리지 말아야 합니다.

넷째, 하나님의 전신갑주를 입어야 합니다.

끝으로 너희가 주 안에서와 그 힘의 능력으로 강건하여지고
마귀의 간계를 능히 대적하기 위하여 하나님의 전신 갑주를
입으라 우리의 씨름은 혈과 육을 상대하는 것이 아니요 통치
자들과 권세들과 이 어둠의 세상 주관자들과 하늘에 있는 악
의 영들을 상대함이라 … 그런즉 서서 진리로 너희 허리 띠를
띠고 의의 호심경을 붙이고 평안의 복음이 준비한 것으로 신
을 신고 모든 것 위에 믿음의 방패를 가지고 이로써 능히 악한
자의 모든 불화살을 소멸하고 구원의 투구와 성령의 검 곧 하
나님의 말씀을 가지라(엡 6:10~12, 14~17).

영적으로 완전군장을 하라는 말입니다. 그러면 마귀가 어떠한 유혹을 해도 미혹하지 않습니다. 미혹의 영들이 득실거립니까? 회개하고 근신하여 깨어 있어 하나님이 주신 능력으로 물리칩시다. 하나님이 내 편 되시면 염려할 것이 무엇이 있겠습니까? 담대하게 나아갑시다. 하나님의 말씀으로 무장하여 미혹의 영과 맞서 싸워 승리합시다.

누구에게나 과거는 있다

하나님과 인간이 다른 것이 얼마나 많겠습니까? 그중 하나는, 하나님은 기억할 것은 기억하시고 잊을 것은 잊어버리시는데, 인간은 기억해야 할 것은 잊어버리고 잊어야 할 것은 기억하며 살아간다는 것입니다. 또한 하나님은 인간이 회개한 모든 죄는 잊어버리시고 잘한 모든 것은 영원히 기억하시는 분인데, 인간은 잘한 것은 잊어버리고 잘못한 것은 회개한 것까지도 기억하면서 괴로워하며 살아간다는 것입니다.

인간의 관점으로 사니까 복잡한 것입니다. 그러나 주님의 관점으로 살면 행복해집니다. 주님의 관점으로 나를 바라보면 이

미 회개한 잘못들은 생각나지 않고 충성스럽게 순종한 모습만
보이니 얼마나 자신이 예쁘겠습니까? 주님은 우리를 그렇게
사랑스럽게 보십니다. 그러므로 언제나 우리를 향한 하나님의
사랑을 기억하며 그에 걸맞게 살아야 합니다.

과거過去란 지나간 때, 지난 일, 지난 생활을 뜻합니다. 이 말
은 단순히 지나간 시간들을 가리키지만, 또 다른 의미로 예전
에 있었던 잘못된 경험을 말하기도 합니다.

누구에게나 잊고 싶은 과거가 있습니다. 이 세상을 살아가면
서 어떻게 한 번의 실수도 없이 살 수 있겠습니까? 어떻게 한 번
도 죄짓지 않고 살 수 있겠습니까? 성경 속 믿음의 사람들에게
도 대부분 잊고 싶은 과거가 있었습니다.

노아처럼 믿음 좋은 사람이 어디 있습니까? 그는 세상 모든
사람이 타락하였을 때도 하나님께 순종하며 백여 년 동안 방주
를 지어 이 세상이 멸망할 때 여덟 식구를 구원한 믿음의 사람
이었습니다. 하지만 그도 술에 취해 옷을 벗은 채 잠들었다가
자식 앞에서 벌거벗은 몸을 보이는 실수를 하지 않았습니까?
노아 입장에서는 잊어버리고 싶을 과거의 실수가 성경의 한 페
이지를 장식하며 지금까지도 전해지고 있습니다.

이스라엘 백성을 애굽에서 탈출시켜 가나안으로 이끈 모세

에게도 사람을 때려 죽여 땅에 묻은 과거가 있었고, 하나님의 마음에 합한 사람 다윗에게도, 욕정을 이기지 못한 채 우리아의 아내 밧세바와 간음하여 그 남편을 전쟁터에 나가 죽게 만드는 부끄러운 과거가 있었습니다. 엘리야같이 대단한 사람도 별것 아닌 일에 죽고 싶다고 로뎀나무 아래 앉아 하나님 앞에서 투정을 부리며 연약함을 드러낸 과거가 있었고, 예수님의 수제자인 베드로도 예수님을 모른다고 세 번씩이나 부인한 과거가 있었으니 무슨 말을 더 하겠습니까? 우리도 마찬가지입니다. 과거를 들추어내면 누구에게나 잊고 싶은 일들이 있게 마련입니다.

하지만 지나간 과거보다 과거에 대한 반응이 더욱 중요합니다. 믿음의 사람들은 한결같이 어두운 과거를 딛고 당당하게 일어섰습니다. 하루에 오천 명씩 변화시키고 구원해내며, 주님을 위해 순교한 베드로의 모습을 보십시오. 베드로는 예수님을 부인했던 과거를 딛고 당당하게 일어섰습니다. 다윗도 마찬가지입니다. 그는 과거에 얽매여 있지 않고 주님을 위해 더욱 충성스러운 왕으로 거듭나, 임종 전에는 평생 모은 전 재산을 털어 주님의 성전을 지었습니다.

그런데 믿음이 없는 사람들은 어떠합니까? 요즘 우울증이나 노이로제 등으로 약을 먹거나 정신과 치료를 받는 사람이 많습니다. 갈수록 자살하는 사람이 증가하고 있어 사회적으로도 문제가 되고 있습니다. 자살하는 사람 중에는 우울증에 걸린 사람이 많은데, 그들의 공통점이 무엇인 줄 아십니까? 바로 과거에 집착하고 있다는 것입니다.

왜 흘러가버린 과거에 집착하십니까? 누구나 실수는 합니다. 왜 그것을 털고 일어나지 못하고 주저앉아 있습니까? 당신의 모든 과거를 우리 하나님 아버지께서 용서하셨는데, 왜 당신은 그것을 용서하지 못하고 자신을 죽음으로 몰아갑니까? 성경은 하나님께서 새 힘을 주시니 일어나라고 합니다. 다음과 같은 찬송도 있지 않습니까?

주님이 힘 주신다고 하시잖아요. 일어나세요. 주님이 당신의 등 뒤에서 도우십니다. 당신이 지치고 곤하여 넘어질 때 그냥 두지 않으시고 다가와 손을 내미십니다. 그것을 믿고 일어서는 것이 바로 믿음의 사람들이 과거를 대하는 바른 자세입니다.

한번은 어떤 분이 저를 찾아와서 "목사님, 안수 좀 해주세요. 죽을 것 같아요"라고 말하는 것이었습니다. 그래서 제가 그분을 붙잡고 기도드렸습니다. "아버지, 귀한 딸 붙잡아주시고 마음에 평안 주시고 상처를 싸매주시고 이 딸을 괴롭히는 어둠의 세력을 물리쳐주시옵소서." 지금은 얼마나 좋아졌는지요. 예배를 드리면서 참으로 즐겁다고 고백합니다. 예수님이 주시는 기쁨을 맛보게 된 것이지요. 인류의 고민을 혼자 다 짊어진 양 고민하고 사십니까? 억지로라도 웃으십시오. 그러면 웃을 일이 더 많이 생깁니다.

사업은 잘될 때도 있고 안될 때도 있는 것입니다. 장사를 하다 보면 망할 때도 있고 흥할 때도 있는 것입니다. 시험을 잘 칠 때도 있고 못 칠 때도 있는 것이고, 시합에서 이길 때도 있고 질 때도 있는 것입니다. 어떻게 매번 잘할 수 있겠습니까? 지금 인생길에서 주저앉아 절망하고 있다면, 당장 하나님의 손을 잡고 훌훌 털고 일어나십시오.

하나님은 과거를 기억하지 않으신다

우리 주님은 과거를 묻지 않으십니다. 이미 사랑으로 용서하신 모든 허물과 죄악, 실수는 기억하지도 않는다고 하셨습니다. 누가복음 15장에서 탕자가 아버지 집에 돌아왔을 때 아버지가 그 아들을 대하는 모습을 생각해보십시오. 아버지는 탕자가 얼마나 허랑방탕하게 살다 왔는지 알면서도 모두 용서합니다. 주님도 마찬가지입니다.

요한복음 8장에는 간음하다 현장에서 잡힌 여인이 나옵니다. 그 여인에게 주님이 뭐라고 말씀하십니까? "나도 너를 정죄하지 아니하리라. 가서 다시는 그러지 말아라." 우리 같았으면 과거를 추궁했을 것입니다. 그러나 주님은 과거를 묻지 않으십니다.

또한 주님을 모른다고 부인했던 베드로를 주님이 어떻게 대하셨습니까? "어떻게 네가 나를 모른다고 할 수 있니? 수제자라는 네가 그럴 수 있느냐? 절대로 부인하지 않겠다고 그렇게 큰소리만 안 쳤어도 덜 서운했겠다. 아니, 한두 번만 부인했어도 내가 이해하겠다"라고 말씀하셨습니까? 우리라면 아마 그렇게 말했을지도 모릅니다. 그러나 주님은 아무 말씀도 하지 않으셨습니다. 그저 한 가지 질문만 하십니다. "너, 나를 사랑하느냐?" 과거는 묻지 않고 현재를 물으십니다.

그런데 사람들은 끊임없이 과거를 묻고 추궁합니다. 그것도 당사자가 없는 곳에서 수군거립니다. 왜 사람들이 과거를 만들지 않으려고 애쓰고, 과거를 들키지 않으려고 가슴 졸입니까? 다른 사람들이 끝없이 과거를 말하기 때문입니다. 열심히 노력해서 잘사는 사람을 보면 "그래, 성공했어. 훌륭해!"라고 하면 좋으련만 "개 학교 다닐 때 얼마나 공부를 못했다고!" 하면서 과거의 일을 두고 험담합니다.

과거에 대해 이야기하지 마십시오. 하나님도 추궁하시지 않는 과거를 당신이 왜 추궁합니까? 하나님도 용서하고 기억하시지 않는데 왜 당신은 회개한 뒤에도 죄책감에 사로잡혀 괴로워합니까?

성경은 과거에 대해서 뭐라고 말합니까? 아주 분명하고 명쾌한 해답이 나와 있습니다.

너희는 이전 일을 기억하지 말며 옛날 일을 생각하지 말라 보라 내가 새 일을 행하리니 이제 나타낼 것이라 너희가 그것을

하나님께 회개하고 새사람이 되었다면 이전 일은 기억하지
말고 하나님께서 행하실 새 일을 기대하며 사십시오. 생각만
해도 기분이 좋지 않습니까?

대신 과거는 그냥 잊어버려서는 안 됩니다. 반드시 회개하고
잊어버려야 합니다. 기독교에는 회개가 있고, 용서가 있고, 은
혜가 있습니다. 다른 종교는 그렇지 않습니다. 그러므로 아무
리 고생하며 수행해도, 여전히 죄 속에 빠져 죄만 짓고 사는 것
입니다. 성철 스님같이 오랜 세월 수행하신 분도 죽음을 맞을
때 "내가 지은 죄가 수미산보다 높으니"라고 하지 않았습니까?
하물며 세속에 물들어 사는 여러분이 죄 없이 살 수 있겠습니
까? 안 됩니다. 인간의 힘으로는 안 되는 것입니다. 그래서 주님
은 우리에게 나오라고 하시지 않습니까? 주님 앞에 나아가면
우리의 모든 죄는 사함을 받고 주님 품에 안겨 편히 쉴 수 있습
니다. 주님만 믿으면 구원을 얻고 영생복락 면류관을 받을 수
있습니다.

하나님은 회개한 과거의 죄에 대하여 어떻게 하시겠다고 말

씀하십니까? "내가 그들의 불의를 긍휼히 여기고 그들의 죄를 다시 기억하지 아니하리라"(히 8:12) 하고 말씀하십니다. 이사 야서 44장 22절에서도 "내가 네 허물을 빽빽한 구름같이, 네 죄를 안개같이 없이하였으니 너는 내게로 돌아오라 내가 너를 구속하였음이니라"라고 말씀하십니다.

우리가 우리 죄를 자백하면 미쁘시고 의로우신 하나님은 우리 죄를 사하시며 우리를 모든 불의에서 깨끗하게 하실 것입니다. 회개한 과거는 더 이상 기억하지 말고, 이야기하지도 맙시다. 다음과 같은 고백이 우리의 고백이 되기를 원합니다.

우리는 과거의 일들을 미래를 위한 교훈으로 삼아야 합니다. 우리의 지나간 과거는 아무리 쓰라릴지라도 과거일 뿐입니다. 하지만 미래에 또 그와 같은 죄를 저질러서는 안 됩니다.

그렇다면 과거의 죄를 반복한 사람은 어떻게 될까요? 사랑이 충만하신 하나님은 물론 우리가 반복한 죄에 대해서도 진심으로 회개하면 용서해주실 것입니다. 그러나 "괜찮아. 하나님은 일곱 번씩 일흔 번이라도 용서해주신다고 하셨어"라고 하며 같은 잘못을 여러 번 저질러서는 안 됩니다.

참된 속담에 이르기를 개가 그 토하였던 것에 돌아가고 돼지가 씻었다가 더러운 구덩이에 도로 누웠다 하는 말이 그들에게 응하였도다(벤후 2:22).

사람이 짐승과 다른 것은 짐승은 회개할 수 없지만 사람은 회개할 수 있다는 것입니다. 짐승에게는 변화가 없지만 사람은 변화될 수 있다는 것입니다. 때때로 우리가 사람 같지 않은 사람을 볼 때 "짐승만도 못한 사람"이라는 표현을 하지 않습니까? 우리의 삶이 그런 삶이 되어서야 되겠습니까?

아마 당신에게도 잊고 싶은 과거가 있을 것입니다. 두 번 다시 생각하고 싶지 않은 과거가 있을 것입니다. 아직 회개하지 못했다면 지금 하나님 앞에 회개하십시오. 그리고 회개했다면 두 번 다시 생각하지 마십시오.

하나님은 과거를 잊으라고, 기억하지 말라고, 새 일을 행하겠다고 말씀하십니다. 그런 하나님의 은혜를 생각하며 과거를 잊고 미래에 대한 부푼 꿈을 가지고 하나님을 찬송합시다. 과거의 모든 허물과 죄를 용서하시고 미래를 만들어가시는 하나님의 솜씨가 내 삶에도 나타나게 해달라고 기도합시다. 나아가 하나님이 주실 기적을 바라보면서 승리할 수 있게 해달라고 간구합시다.

회복을 주는 메시지

인간은 감정의 동물이기에 감정을 떠나서는 살 수가 없습니다. 간혹 사단이 주는 감정에 휩싸여 괴로울 때도 있을 것입니다. 하지만 하나님께서는 사단에게 눌린 우리 마음을 치유의 손길로 고치시고 자유를 누리게 하실 것입니다. 하나님의 성령으로 충만하여 성령이 주시는 좋은 감정이 여러분의 마음속에 가득하기를 축원합니다.

2

하나님과의 대화를 회복하라

너희가 내 이름으로 무엇을 구하든지 내가 행하리니 이는 아버지로 하여금 아들로 말미암아 영광을 받으시게 하려 함이라 내 이름으로 무엇이든지 내게 구하면 내가 행하리라 (요 14:13~14).

이사야서 1장 10~17절을 보면, 형용할 수 없이 만신창이가 된 유다 백성들이 나옵니다. 하나님을 향해 짐승도 하지 않는 배반을 하고 온갖 죄악을 범합니다. 머리부터 발끝까지 온몸이 성한 곳이 없고, 온 땅도 저주를 받아 황폐해집니다.

무엇 하나 제대로 된 것이 없건만 그래도 하나님은 그들을 향해 하나님께 오라고 하십니다. 하나님과 변론하자는 것입니다. 그래서 주홍 같은 죄를 눈과 같이, 진홍 같은 죄를 양털같이 희게 해주시겠다고 합니다. 영혼을 죄 사함으로 회복하고, 육체도 깨끗하고 건강하게 회복하라는 것입니다. 땅은 풍부한 소산을 내도록 축복해주시겠다고 합니다.

인간을 향한 하나님의 사랑은 인간이 범죄할 때나 주님 뜻대로 살 때나 똑같이 작용한다는 사실을 잊어서는 안 됩니다. 하나님이 "너희 혼날 줄 알아라. 죽을 줄 알아라. 절대 용서하지 않겠다" 하고 말씀하신다 해도 그 속에는 사랑이 있습니다.

성경을 잘 보십시오. 하나님께서 다시는 용서하시지 않을 것 같아도 조금만 시간이 지나면 "돌아오라, 그래도 돌아오라" 하며 사랑의 눈으로 우리를 바라보십니다. 부모가 자식을 사랑하듯이, 주님도 우리의 모든 잘못을 용서하시고 사랑하십니다. 그 사랑을 생각해서라도 지금보다 더 나은 삶을 살아야 하지 않겠습니까?

그러면 유다 백성과 같이 죄악에 빠진 우리의 영혼을 회복하기 위해 우선 무엇을 회복해야겠습니까? 기도입니다.

기도는 무엇인가

기도祈禱. 즉, 빌고 비는 것을 기도라고 합니다. 마음의 바람이 이루어지기를 하나님께 비는 것을 기도라고 합니다. 간구, 죄의 자복, 하나님과의 교제, 이런 것들을 통틀어서 기도라고 합니다. 예수님이 이 땅에서 공생애를 사시는 동안 우리에게 가르치신 것이 많지만 그중 가장 귀한 것이 기도입니다.

마태복음 6장 5절 이하를 보면 제자들이 "주님, 우리에게 기도를 가르쳐주세요"라고 요청하여 가르쳐주신 기도인 주기도문이 나옵니다. 마가복음 9장 29절에서는 "이르시되 기도 외에 다른 것으로는 이런 종류가 나갈 수 없느니라" 하고 기도를 가르치셨고, 요한복음 14장 13절에서는 "너희가 내 이름으로 무엇을 구하든지 내가 행하리니 이는 아버지로 하여금 아들로 말미암아 영광을 받으시게 하려 함이라 내 이름으로 무엇이든지 내게 구하면 내가 행하리라" 하고 가르치셨습니다.

예수님은 공생애를 사시는 동안 우리에게 기도의 본을 보이셨습니다. 공생애에 들어가실 때 40일 금식하며 기도하셨고(마 4:1~2), 열두 제자를 부르실 때 밤이 되도록 기도하신 후 선택하셨습니다. 또한 새벽이 밝기도 전에 기도하셨고(막 1:35), 산에서 밤을 새워 혼자 철야하시며 기도하셨고(마 14:23), 감람산에 올라가실 때에도 습관처럼 기도하셨습니다(눅 22:39). 기도가 습관이 될 정도로 항상 쉬지 말고 기도해야 한다는 것을 몸소 보여주신 것입니다.

주님뿐만 아니라 성경 속 믿음의 사람들도 한결같이 기도의 사람이었습니다.

> 나는 너희를 위하여 기도하기를 쉬는 죄를 여호와 앞에 결단
> 코 범하지 아니하고 선하고 의로운 길을 너희에게 가르칠 것
> 인즉(삼상 12:23).

사무엘은 기도하다 쉬는 게 죄라고 생각했습니다. 그러면 우리는 만날 죄 속에 빠져 사는 사람인 것입니다.

다니엘은 기도하면 죽을 줄 알면서도 하루에 세 번씩 기도했습니다(단 6:10). 다니엘에게 있어서 기도는 생명보다 중요했기 때문입니다. 베드로는 "우리는 오로지 기도하는 일과 말씀 사역에 힘쓰리라 하니"(행 6:4)라고 말하며 오로지 기도에 힘쓰겠다고 결단했습니다. 사도 바울은 데살로니가전서 5장 17절에서 "쉬지 말고 기도하라"고 말했고, 에베소서 6장 18절에서는 "모든 기도와 간구를 하되 항상 성령 안에서 기도하고"라고 말했습니다. 또한 엘리야는 기도로 하늘 문을 열고 닫기까지 합니다.

> 엘리야는 우리와 성정이 같은 사람이로되 그가 비가 오지 않

그러면 기도가 무엇입니까? 기도는 영적 호흡이요, 하나님과의 대화입니다. 육신의 기능과 영혼의 기능은 아주 비슷합니다. 육신이 아이를 낳듯, 영혼은 전도해서 영적인 자녀를 낳습니다. 육신이 떡 먹고 살듯, 영혼은 말씀을 먹고 삽니다. 육신이 숨 쉬고 살듯 영혼은 기도하며 살고, 육신이 운동하고 살듯 영혼은 봉사하고 삽니다. 육신이 쉬듯 영혼은 교제합니다.

그런데 예수 믿는 사람들은 한결같이 자기는 기도를 못한다고 생각합니다. "집사님, 기도 좀 하세요." "아이고, 목사님! 저 기도 못해요. 기도하라고 하면 교회 안 나갈 거예요." 그런데 그 말은 "목사님, 나 숨 못 쉬어요. 숨 쉬게 하면 죽어버릴 거예요"라고 말하는 것과 같습니다.

기도는 호흡인데 사람들은 왜 기도를 못한다고 할까요? 기도에 대해 오해하고 있기 때문입니다. 기도는 호흡이요, 하나님 아버지와의 대화인데 우리는 미사여구를 잘 늘어놓는 것을 기도라고 생각해왔던 것입니다. 그래서 대표기도를 시키면 나타나는 공통적인 현상이 있습니다. 서점에 가서 기도에 관한 책을 사고 거기서 좋은 말들을 뽑아내어 짜깁기하는 것입니다. 그러다 보니 자신은 책에 있는 그런 말들을 지어낼 수 없으니까 기도를 못하겠다는 말이 나올 수밖에 없습니다.

생각해보세요. 집에서 아버지와 대화할 때 온갖 미사여구를 다 넣어서 말합니까? "아버지, 용돈 주세요!" 한마디 하면 될 것을 "나를 이제껏 키워주시느라 흰머리가 나날이 늘어가는 아버지, 오늘도 직장에서 이 나라와 가정을 위해 열심히 일하시고 얼마나 고생이 많으셨습니까? 이 불효자 이미 받은 용돈을 다 쓰고 입에 풀칠하기도 힘들 지경이니 넓은 바다와 같은 마음으로 몇 만원이라도 베풀어주소서"라고 말하는 자식이 있느냐는 말입니다. 아버지에게 이야기할 때는 그렇게 말을 꾸미지 않고 그냥 쉽게 말하면 됩니다.

그런데 기도에 대해서는 왜 그렇게 오해하고 있습니까? 그저 소박하게 우리의 필요를 아버지께 얘기하듯이 하는 기도를 왜 잘못된 기도라고 생각합니까? 기도 못하는 사람은 없습니다. 기도는 호흡이니, 숨 쉬듯 자연스럽게 기도해보세요.

응답이 없는 기도

성경을 살펴보면 응답이 없는 기도에는 어떤 것들이 있는지 나옵니다.

첫째, 의심하는 기도는 하나님이 듣지 않으십니다.

오직 믿음으로 구하고 조금도 의심하지 말라 의심하는 자는 마치 바람에 밀려 요동하는 바다 물결 같으니 이런 사람은 무엇이든지 주께 얻기를 생각하지 말라(약 1:6~7).

성경에는 다음과 같은 상황이 자주 나옵니다. 주님께서 병자에게 말씀하십니다. "내가 너에게 무엇을 해주기를 원하느냐?" "주여, 내가 보기를 원하나이다." "내가 능히 그렇게 할 줄로 믿느냐?" "믿나이다." "네 믿음대로 될지어다." 주님은 그분을 온전히 믿는 자들의 기도를 들으신다는 것입니다.

어느 마을에 가뭄이 아주 심하게 들어서 도대체 비가 올 기미가 보이지 않았습니다. 아무리 기도해도 비는 오지 않았습니다. 급기야 목사님과 온 성도들이 "이거 안 되겠다. 가까운 산에 올라가서 하나님께 기도하자" 하고 광고를 냈습니다. "여러분, 내일 낮 12시, 가장 뜨거울 때 모이기를 바랍니다, 산에 올라가서 하나님께 비 오게 해달라고 기도합시다. 이대로 있어서는 안 되겠습니다. 너무 피해가 심합니다. 우리 기도하러 갑시다. 비가 얼마나 안 왔는지 땅에 먼지가 푸석푸석하고 도저히 곡식이 자랄 수가 없습니다. 큰일입니다."

그렇게 해서 마을의 모든 사람이 모였는데 주일학교에 다니는 아이 하나가 우산을 들고 덜렁덜렁 나타난 것입니다. 다른 사람들은 비가 하도 안 와서 우산이 어디 박혀 있는지도 몰랐습니다. 그런데 아이가 우산을 들고 오자 기가 막힌 장로님들이 물었습니다. "아가, 이 날씨에 뭔 비가 온다고 우산을 들고 다니냐?" 그러니까 아이가 한다는 말이 "장로님, 우리가 산에 뭐하러 가죠?" "기도하러 가지." "그러면, 우리가 가서 기도하면 비가 올 거 아니에요. 비 맞고 내려올까 봐 우산 가져가는 거예요." 우리에게도 이 아이와 같은 순전한 믿음이 있어야겠습니다.

둘째, 하나님은 중언부언하는 기도를 듣지 않으십니다.

또 기도할 때에 이방인과 같이 중언부언하지 말라 그들은 말

중언부언한다는 것은 이미 한 말을 주문 외듯이 계속 되풀이
하는 것입니다. 즉, 믿음으로 기도하는 것이 아니라 말을 많이
해야 하나님이 들으시는 줄 알고 뜻 없이 같은 말을 반복하기
만 하는 것입니다. 그런 기도는 하나님이 듣지 않으십니다. 하
나님은 우리에게 필요한 것을 이미 알고 계십니다. 많은 말을
하려고 하지 말고 성령이 이끄시는 대로 기도하십시오.
　셋째, 하나님은 외식하는 기도를 듣지 않으십니다.

기도는 하나님 앞에서 하는 것입니다. 믿음이 좋은 것처럼
보이려고 다른 사람들 앞에서 큰 소리로 기도하며 자신의 기도
를 자랑하는 것은 하나님이 기뻐하시지 않습니다. 하나님께 온

마음을 다하여 은밀히 기도해야 합니다.

넷째, 죄인의 기도는 하나님이 듣지 않으십니다.

내가 나의 마음에 죄악을 품었더라면 주께서 듣지 아니하시리라(시 66:18).

그래서 모든 기도에 앞서 회개 기도가 필요한 것입니다. 자신의 죄와 잘못들을 모두 하나님 앞에 고백하고 회개한 후, 필요한 것들을 구하십시오.

다섯째, 하나님과의 관계가 잘못되었을 때의 기도는 하나님께서 듣지 않으십니다. 하나님과의 관계는 기쁘고 즐거워야 합니다. 그것은 바로 사랑의 관계입니다.

그러므로 염려하여 이르기를 무엇을 먹을까 무엇을 마실까 무엇을 입을까 하지 말라 이는 다 이방인들이 구하는 것이라 너희 하늘 아버지께서 이 모든 것이 너희에게 있어야 할 줄을 아시느니라(마 6:31~32).

하나님과 바른 관계를 맺고 있으면 우리가 구하지 않아도 우리의 쓸 것을 이미 알고 계신 하나님께서 우리의 필요를 채워 주십니다.

너희가 내 안에 거하고 내 말이 너희 안에 거하면 무엇이든지 원하는 대로 구하라 그리하면 이루리라(요 15:7).

하나님과 바른 관계 맺는 법

그러면 하나님과 바른 관계를 맺기 위해 우리가 해야 할 일은 무엇입니까? 이 부분에 대해서 조금 더 자세하게 살펴봅시다.

첫째, 주님께 붙어 있어야 합니다.

나는 포도나무요 너희는 가지라 그가 내 안에, 내가 그 안에 거하면 사람이 열매를 많이 맺나니 나를 떠나서는 너희가 아무것도 할 수 없음이라(요 15:5).

다시 말해서 주님의 말씀 안에 붙어 있으면 저절로 열매를 맺는다는 것입니다.

누가복음 18장 9~14절을 보면 바리새인과 세리의 기도가 나옵니다. 바리새인은 "죄짓지 않게 해주셔서 감사합니다. 나는 토색하지도 않았고, 불의하지도 않았고, 간음하지도 않았습니다. 소득의 십일조를 꼭 드렸고, 일주일에 두 번씩 금식했습니다. 저 나쁜 세리와 같지 않게 하심을 감사하나이다"라고 기도합니다. 세리는 가슴을 치면서 "용서하여 주옵소서"라고 기도합니다.

그런데 주님은 세리를 향해 "네가 저보다 의롭다"라고 말씀하십니다. 즉, 바리새인은 주님을 떠나서 기도하고 있지만 세리는 주님 안에서 기도하고 있다는 것입니다. 기도생활을 회복하기에 앞서 하나님과의 관계가 회복될 수 있기를 바랍니다.

둘째, 회개가 바로 되어야 합니다. 하나님과의 관계에서 회개가 빠지면 참된 관계가 아닙니다.

너희가 손을 펼 때에 내가 내 눈을 너희에게서 가리고 너희가 많이 기도할지라도 내가 듣지 아니하리니 이는 너희의 손에 피가 가득함이라(사 1:15).

우리는 하나님 앞에서 모든 죄악을 버리고 깨끗해져야 합니다. 그럴 때 비로소 하나님께서 우리의 기도를 들으십니다. 하나님은 깨끗한 기도를 듣기 원하십니다. 이사야서 1장 15절을 보면 회개하지 않은 채 기도할 경우, 하나님이 눈을 가리겠다고 말씀하십니다. 우리 손에 죄의 피가 가득하다면, 그 피부터 먼저 씻어야 한다고 말씀하십니다.

셋째, 삶이 바로 서야 합니다. 목사와 의사의 차이가 무엇인지 아십니까? 의사는 인간의 몸을 치료하고 목사는 영혼을 치료한다는 면에서는 비슷합니다. 그런데 의사는 술 마셔도, 담배 피워도, 사생활이 조금 문란해도 괜찮습니다. 수술 잘하고 병 잘 고치면 명의라는 이야기를 듣습니다. 그러나 목사는 설교도 잘해야 하지만 삶이 바르지 못하면 안 됩니다. 하나님의 뜻대로 살려고 노력하며 믿음의 본을 보여야 합니다. 마찬가지로 그리스도인은 아무렇게나 살면 안 됩니다. 기독교는 기도만 강조하는 종교가 아니라 기도와 더불어 변화된 삶을 강조하는 종교입니다.

〈이사야서〉에 하나님께서 강조하는 삶이 나옵니다. 하나님과의 올바른 관계를 위해 하나님께서 우리에게 원하시는 삶이 어떤 것인지 살펴봅시다.

첫째, 모든 악업을 버리고 행악을 그쳐야 합니다. 여러분이 러브호텔을 운영하면서 "주여, 구름 떼같이 많은 불륜 커플을 보내주시옵소서"라고 기도하면 하나님께서 그 기도를 기쁘게 받으시겠습니까? 도둑질을 하면서 "주여, 오늘도 형통한 길로 인도하여주시옵소서"라고 기도하고, 패싸움하러 나가면서 "주여, 적들이 한 방에 나가떨어지게 역사하여주시옵소서"라고 기도하면, 그 기도를 하나님이 들으시겠습니까?

둘째, 선행을 배워야 합니다. 선행에도 학습이 필요합니다. 성경 속, 역사 속 믿음의 사람뿐만 아니라 동시대를 살아가는 사람들 중에서도 본받을 만한 사람이 있다면 그들의 삶과 행동을 배울 수 있어야 합니다. 그리하여 선행을 통해 그리스도의 향기를 발하고, 세상에 복음을 전해야 합니다.

셋째, 정의를 구해야 합니다. 공평하신 하나님의 적극적인 품성 가운데 하나가 정의입니다. 하나님의 형상대로 지어진 우리는 하나님의 품성인 정의를 구하고 이 땅에 그 정의를 실현하며 살아가야 합니다.

넷째, 학대받는 자들을 도와줘야 합니다. 예수님은 이 땅의 약하고 낮은 자들을 위해 오셨습니다. 우리도 예수님을 본받아 세상에서 학대받고 버림받은 자들을 품고 하나님께로 이끌어야 합니다.

다섯째, 고아를 위하여 신원해야 합니다. '신원한다'는 말은 변호한다는 뜻으로, 고아를 위하여 신원한다는 것은 그들의 가슴에 맺힌 원한을 풀어준다는 것입니다. 시편 68편 5절을 보면 "하나님은 고아의 아버지"라고 했습니다. 우리도 하나님 아버지의 마음으로 고아들을 바라봐야 합니다.

여섯째, 과부를 위하여 변호해야 합니다. 야고보서 1장 27절에서는 다음과 같이 말합니다.

하나님 아버지 앞에서 정결하고 더러움이 없는 경건은 곧 고아와 과부를 그 환난중에 돌보고 또 자기를 지켜 세속에 물들지 아니하는 그것이니라.

세상 사람과 그리스도인의 다른 점 중 하나가 세상 사람들은 힘없고, 돈 없고, 배경 없는 사람을 무시하지만 그리스도인은 그런 사람을 잘 돌봐준다는 것입니다. 그리스도인마저 그들을 무시하고 있다면, 교회의 본질적인 사명을 망각하고 있는 것입니다. 우리의 삶을 다시 한 번 돌아봅시다.

이사야 1장 18절에서 하나님은 "오라 우리가 서로 변론하자" 하고 말씀하십니다. 여기서 '오라'는 말은 히브리어 원문에서는 '레쿠나'라고 하는데 "이제 청컨대 제발 비노니 와라" 하는 말입니다. 하나님이 우리 죄인을 향하여 "제발 와라" 하고 말씀하시는 것입니다. 그게 바로 하나님의 사랑입니다. 그리고 우리의 어떠한 죄라도 용서해주시겠다고 말씀하십니다.

잠언 28장 13절에서는 "자기의 죄를 숨기는 자는 형통하지 못하나 죄를 자복하고 버리는 자는 불쌍히 여김을 받으리라"라고 말합니다. 하나님과의 관계가 회복되면 여러분이 구하지 않은 것까지도 하나님은 응답해주실 것입니다.

하나님과의 관계가 바로 되면 우리가 구하지 않은 것도 다 들어주시지만 관계가 잘못되면 아무리 손을 들고 큰 소리로 기도한다 할지라도 들어주시지 않는다는 것을 깨달으십시오. 그리하여 "주여, 오라 하시니 내가 주님 앞에 나아갑니다. 나를 받아주시고, 용서하시고, 내 삶에 하나님의 은혜가 임할 수 있도록 인도하여주시옵소서. 아버지, 머리부터 발끝까지 상한 이 몸을 치료해주시고, 황폐해진 땅을 회복시켜주시고, 배신했던 마음이 주의 은혜로 회복되게 하소서. 하나님이 주신 아름다운 땅의 소산과 땅의 축복과 영적인 신령한 복들이 내 삶에 넘쳐 나게 하옵소서"라고 기도할 수 있길 소망합니다.

하나님의 음성 듣기

앞에서 기도는 하나님과의 대화라고 했는데, 영이신 하나님과 영과 육이 함께 있는 우리가 어떻게 실제로 대화할 수 있을지 의문을 가지는 사람도 있을 것입니다. 영은 영과 통하고 육은 육과 통하는데 주님은 영만 계시고 우리는 영과 육이 같이 있으니 하나님과 통하기가 어렵다고 생각하십니까?

하지만 하나님은 우리가 하는 말을 다 들으십니다. 심지어 생각과 마음까지도 다 보시며 듣고 계십니다. 하나님은 우리의 말을 낮이든 밤이든 언제든지 들으십니다. 그런데 문제는 하나님의 말씀을 사람이 못 듣고 있다는 것이지요. 정말 하나님의 말씀을 우리가 들을 수 없는 것일까요? 그렇다면 기도를 어떻게 '대화'라고 할 수 있을까요?

하나님의 음성은 내 생각과 마음을 통해, 어떤 때는 영혼을 통해 들려옵니다. 바울과 다윗, 사무엘도 주님의 음성을 들었습니다. 지금 우리도 얼마든지 주님의 음성을 들을 수 있음을 믿으십시오. 여러분이 기도할 때 하나님이 음성을 들려주십니다. 마음으로, 생각으로 말씀하신다는 것입니다.

제가 살아오면서 주님의 음성을 들은 적이 있는데, 신학교 입학할 때입니다. 시험을 보고 붙었는지, 떨어졌는지 걱정이 끝이 없었어요. 학교에서 연락이 오지 않자 초조해지기 시작했습니다. 그래서 간절히 기도하는데 "된다, 가라!" 하는 음성이 내 마음에서 들리는 것이었습니다.

또 이런 일도 있었습니다. 하나님께서 성경 66권을 기록한 목적이 무엇인지 궁금했어요. 그래서 성경의 엑기스 한 방울이 무엇인지 알아보려고 성경 한 권 들고 삼각산 깊이 들어가 천막 쳐놓고, 밥 먹고 자는 시간 외에는 성경만 봤어요. 하지만 아직 어린 21살 때라 외로움을 느끼고 보름 만에 울면서 하산했습니다. 그때 주님의 음성이 들려왔는데 "경동아, 내가 왜 말씀을 기록한 줄 아느냐? 내가 우주만물을 왜 창조한 줄 아느냐? 내가 왜 너를 지은 줄 아느냐? 나의 영광을 위하여 지었느니라"

하는 소리가 들려왔어요.

제가 기도하는 방법은 쉬지 않고 하나님과 계속 대화하는 것입니다. 미국 집회 갈 때도 걸어가면서 계속 기도했습니다.

"하나님은 사람들 마음속에 계시잖아요. 마음에 감동을 불어넣어주셔서 구름 떼 같은 사람들이 와서 은혜받게 해주세요. 하나님의 능력을 발휘해주세요. 네? 주님. 순종하지 않거든 순종할 수 있는 믿음을 주세요."

그랬더니 정말 집회 현장이 사람들로 꽉꽉 찼어요. 또 "하나님, 저는 말주변이 없어요. 하나님께서 도와주세요!" 그랬더니 정말 은혜롭게 해주셨습니다. 제가 한 것이 아니라 하나님이 하신 것입니다. 여러분도 되돌아보면 아마 이렇듯 하나님과 '대화'한 경험들이 있을 것입니다.

그런데 살다 보면 다음과 같은 일들도 있습니다. 기도는 대화라고 했으니, 하나님과 통화한다고 가정하고 생각해봅시다.

"따르릉!"

"여보세요."

"사랑하는 내 딸아!"

"어? 주님! 잘 지내셨어요?"

그런데 그때 세상 친구에게서 전화가 옵니다.

"주님, 다른 데서 전화가 왔네요. 잠깐만요. 어머나, 말숙아! 어쩐 일이야. 그래, 어….."

이렇게 세상 친구와 전화하느라 주님과의 전화를 잊어버리고 맙니다. 주님은 계속 통화 대기 중입니다. 이렇게 주님을 일주일 기다리게 하는 사람도 있고 한 달, 일 년도 더 기다리게 하는 사람도 있습니다. 그래도 주님은 우리가 언제 이야기를 하려나 하고 계속 전화기를 붙들고 계십니다.

로마서 8장 26절에서는 이것을 두고 "성령이 말할 수 없는 탄식으로 우리를 위하여 친히 간구하시느니라" 하고 말합니다. 주님이 "전화기 붙들어라, 내가 가르쳐줄게" 하시는데도 반응이 없는 사람도 있습니다.

당신은 지금 하나님과 통화 중입니까? 아니면 하나님을 '통화 대기' 상태로 기다리시게 하고 세상 친구와의 통화에 시간 가는 줄 모르고 있습니까? 하나님과의 통화가 끊어지는 것은, 사무엘처럼 표현하자면 기도하다가 쉬는 죄를 범하는 것임을 잊지 마십시오.

오늘도 주님은 여러분을 향하여 전화기를 붙들고 계십니다. 다만 여러분이 그 전화기를 놓고 세상 전화를 붙들고 있는 것뿐입니다. 기도하다가 쉬는 죄를 범하고 있지는 않습니까? 기도가 호흡이란 것을 잊지 말아야 합니다. 주님은 우리와 통화하기를 원하시는데 우리는 온종일 세상 전화를 하느라 주님이 대기하고 계신다는 사실을 잊어버린 채 살아갑니다. 주님과 늘 대화하며 살 수 있기를 바랍니다. 다시 주님과 이야기를 나눕시다. 그래서 그분의 음성을 듣고 대화하며 영적으로 숨 쉬면서 신앙생활을 합시다.

회복을 주는 메시지

하나님과의 관계가 바로 되면 우리가 구하지 않은 것도 다 들어주시지만 관계가 잘못되면 아무리 손을 들고 큰 소리로 기도한다 할지라도 들어주시지 않는다는 것을 깨달으십시오. 그래서 모든 기도에 앞서 회개 기도가 필요한 것입니다. 자신의 죄와 잘못들을 모두 하나님 앞에 고백하고 회개한 후, 필요한 것들을 구하십시오.

3

영혼을 살리는 감사를 회복하라

범사에 감사하라 이것이 그리스도 예수 안에서 너희를 향하신 하나님의 뜻이니라 (살전 5:18).

하나님께서 이 우주 만물을 창조하신 목적은 하나님의 영광을 나타내기 위해서입니다. 그래서 온 우주 만물은 지금도 하나님의 영광을 찬양하고 있습니다. 꽃과 나무, 강물과 바람 등 만물이 오케스트라가 되어 높고 낮은 소리로 주님을 찬양하고 있습니다. 그런데 그것은 인간이 드리는 찬양과는 족히 비교가 안 됩니다. 우주 전체가 하나님께 드리는 영광보다 사람이 돌리는 영광이 더 귀한 것은, 사람은 하나님의 형상대로 지어졌기 때문입니다. 오직 인간만이 인격적 찬양과 감사를 드릴 수 있기 때문입니다. 인간만이 예수 그리스도의 보혈로 죄 사함을 받아 하나님의 자녀로서 감사를 드리기 때문입니다. 그러니 하나님 보실 때 우리가 얼마나 귀하겠습니까?

그런데 우리가 잘못 살면 하나님께서 징계하실 때가 있습니다. 그때 우리는 하나님이 우리를 미워하실 것이라고 느낍니다. 반대로 우리가 하나님 뜻대로 바로 살아 하나님께서 우리를 축복해주실 때면 하나님이 우리를 사랑하신다고 느낍니다. 그러나 중요한 것은 우리가 잘못되든 잘되든, 병들었든 건강하든, 주님 뜻대로 살든 살지 못하든, 우리를 향한 하나님의 사랑은 변함이 없다는 것입니다.

우리를 향한 하나님의 사랑은 다음과 같습니다.

여호와의 말씀에 너희는 이제라도 금식하고 울며 애통하고 마음을 다하여 내게로 돌아오라 하셨나니 너희는 옷을 찢지 말고 마음을 찢고 너희 하나님 여호와께로 돌아올지어다 그는 은혜로우시며 자비로우시며 노하기를 더디하시며 인애가 크시사 뜻을 돌이켜 재앙을 내리지 아니하시나니(욜 2:12~13).

이제라도 우리가 회개하고 하나님께로 돌아가면 하나님은 우리를 불쌍히 여기시고, 모든 것을 다 회복시켜주실 것입니다. 그리고 이전보다 더욱 크게 축복해주실 것입니다. 얼마나 감사한 일입니까?

이같이 한즉 하늘에 계신 너희 아버지의 아들이 되리니 이는
하나님이 그 해를 악인과 선인에게 비추시며 비를 의로운 자
와 불의한 자에게 내려주심이라(마 5:45).

우리가 생각할 때는 하나님이 선인에게는 햇빛을 주시고 악
인에게는 비를 주실 것 같지만 하나님은 선인이든 악인이든 똑
같이 주신다는 것입니다.

그런데 왜 똑같은 햇빛을 받고 똑같은 비를 맞는데 사람들은
다르게 살아갈까요? 그것은 하늘이 다른 것이 아니라 사람이
다르기 때문입니다. 같은 햇볕에도 얼굴이 잘 타는 사람이 있
고 잘 타지 않는 사람이 있습니다. 같이 햇볕 아래서 놀아도 피
부가 하얀 사람은 잘 타지 않고 까만 사람은 더 잘 탑니다. 햇볕
의 문제가 아니요, 사람의 문제라는 것입니다. 그런데 이것을
깨달은 사람과 깨닫지 못한 사람은 큰 차이가 납니다. 깨달은
사람은 잘못이 생겨도 자신을 탓하나, 깨닫지 못한 사람은 하
나님을 탓하고 남을 탓합니다.

그렇다면 잘되는 인생과 안되는 인생의 차이가 무엇일까요?

물론, 여러 가지 차이점이 있겠지만 그중에서 아주 중요한 차이가 있다면 '감사'입니다. 잘되는 사람의 마음속에는 감사가 있습니다. 하지만 안되는 사람의 마음속에는 감사는 없고 원망만 있습니다. 누가 믿음이 좋고 누가 믿음이 없는 사람일까요? 하나님께 진실한 감사를 올리는 자가 믿음의 사람이요, 하나님께 대한 진실한 감사가 없으면 믿음이 없는 사람입니다.

감사함으로 믿음의 제사를 드린 아벨은 하나님께 의로운 사람이라 칭함을 받고 죽은 후 지금까지도 그 믿음을 보여주고 있습니다. 우리를 향한 하나님의 은혜와 사랑을 생각하면 어떻게 감사하지 않을 수 있겠습니까? 게다가 성경은 "범사에 감사하라 이것이 그리스도 예수 안에서 너희를 향하신 하나님의 뜻이니라"(살전 5:18)라고 말합니다. 우리 삶의 중심에 항상 감사가 있어야 함을 잊지 마십시오.

감사는 무엇인가

그렇다면 '감사'는 어떤 것일까요? 첫째, 감사는 깨닫는 것입니다. 모든 감사는 깨달음에서 시작됩니다. 저도 어렸을 때는 제가 처한 상황들에 대해 원망한 적이 있었습니다. 물론 예수님 믿기 전의 일입니다. 원망했던 것 중에서 크게 두 가지만 고른다면 첫 번째는 내가 왜 한국에서 태어났는가, 왜 이렇게 좁은 땅에서 태어났는가 하는 것이었습니다. 두 번째는 우리 부모님이 나를 밀어주기에는 너무 부족하다는 것이었습니다. 괜찮은 집안에서 태어나지 못한 것이 원망스러웠습니다. 그러다가 예수 믿고 은혜를 받고 보니까 제가 얼마나 잘못된 생각을 가지고 있었는지 알게 되었습니다.

제 키가 180센티미터입니다. 이렇게 큰 것이 제 노력 때문입니까? 노력해서 키가 클 것 같으면 누가 작은 키로 살겠습니까? 오죽하면 성경에서도 "네가 염려함으로 키를 한 자나 더할 수 있느냐"라고 했겠습니까? 제가 이렇게 큰 것은 전적으로 아버님 덕입니다.

그러면 이 땅에 태어난 것은 제 노력으로 된 것인가요? 순전히 부모님 덕입니다. 만약 어머니가 저를 잉태하게 된 그날 우리 부모님이 싸워서 각 방을 썼더라면 저는 영원히 이 땅에 존재할 수 없었을 것입니다. 그뿐이 아닙니다. 정자가 한 번에 보통 3억~4억 개가 방출되는데, 그중에서 하나만 아기가 됩니다. 그러한 경쟁률을 뚫고 이 땅에 태어났다고 하는 자체가 한없는 은총을 입은 것입니다.

제가 노래를 좀 잘하는 편입니다. 그것이 제 노력으로 된 걸까요? 아닙니다. 아버지의 음악적 기질을 물려받은 것입니다. 제가 좀 건강한 편입니다. 이것 또한 기본적으로는 부모님을 통해 건강 체질을 타고난 것입니다. 이것을 깨닫고 보니 보통 감사한 것이 아니었습니다.

한때는 '하나님도 실수하셨다!' 하는 생각을 한 적이 있습니다. 바로 나 같은 사람을 사랑한 것이 하나님의 실수라고 여긴 것입니다. 아브라함과 모세, 바울, 다니엘 같은 이들을 사랑하신 것은 실수가 아니지만 나같이 보잘것없는 사람을 사랑하신 것은 하나님의 실수 같았습니다. 나는 아브라함처럼 하나뿐인 아들을 하나님께 드릴 만큼의 믿음도 없고 바울처럼 자신의 모든 인생을 버릴 만큼 하나님을 사랑하지도 못했기 때문입니다. 그들에 비하면 나의 믿음과 하나님을 향한 사랑이 한없이 작게 느껴졌습니다.

하지만 하나님은 그것이 실수가 아니라고 하십니다. 그래서 저는 처음에 '아하, 내가 지금은 하는 것이 시원찮지만 앞으로는 은혜받고 잘할 테니까 손해가 아니라고 하시나보다' 하고 생각했습니다.

그런데 하나님이 다시 말씀하십니다. "내가 너를 사랑하는 것은 네가 잘해서가 아니요, 너의 잘못과 실수와 죄악과 모든 허물을 포함하여 사랑한 것이다. 네가 내게 잘하든 못하든 상관없이 사랑하는 것이다. 그러니 실수가 아니다."

우리를 향한 하나님의 사랑에는 계산이 없습니다. 하나님은 우리가 아직 죄인이었을 때 우리를 위하여 독생자 예수 그리스도를 십자가에 죽이심으로 우리에 대한 그분의 사랑을 확증하셨습니다. 하나님은 우리를 부족한 모습 그대로 사랑하십니다. 그 크신 은혜를 깨닫고 하나님의 뜻대로 바르게 살려고 하는 사람에게 참된 감사가 있습니다.

우리가 건강관리를 잘해서 1년 동안 건강하게 생활할 수 있는 것일까요? 우리가 먹고 마시고 소화시키는 것에도 하나님의 섭리가 있습니다. 내장을 우리 마음대로 움직일 수가 있습니까? 우리는 할 수 없습니다. 하지만 자연의 섭리를 초월한 하나님의 섭리가 우리 몸을 주관하고 있습니다. 그것을 깨달으면 어떻게 감사하지 않을 수 있습니까? 어느 곳 하나 주의 은혜와 손길이 미치지 않는 곳이 전혀 없습니다. 이것을 깨닫는 것이 바로 감사입니다.

둘째, 감사는 드리는 것입니다. 그런데 그 드림 속에는 반드시 갖춰야 할 것이 있습니다. 우선, 인색하게 드리거나 억지로 드리면 안 된다는 것입니다.

또한 얼마를 드리든 형편대로 드리되, 그 예물 속에는 즐거움이 있어야 합니다. "아버지, 감사합니다. 감사합니다" 하며 드려야지, "에잇, 추수감사는 무슨 추수감사야! 왜 이렇게 1년이 빨리 돌아오는 거야?" 하면 안 됩니다.

이스라엘 자손에게 명령하여 내게 예물을 가져오라 하고 기

즐거움 이면에는 사랑이 숨어 있습니다. 사랑하면 즐겁고 그렇지 못하면 부담이 되기 때문입니다. 하나님을 사랑하는 마음으로 즐겁게 예물을 드릴 수 있기를 바랍니다.

그리고 예물을 드릴 때는 힘을 다하는 자세가 필요합니다. "그는 힘을 다하여 내 몸에 향유를 부어 내 장례를 미리 준비하였느니라 내가 진실로 너희에게 이르노니 온 천하에 어디서든지 복음이 전파되는 곳에는 이 여자가 행한 일도 말하여 그를 기억하리라 하시니라"(막 14:8~9). 힘을 다하고 최선을 다하는 감사를 하나님이 기쁘게 받으십니다.

뿐만 아니라 어떠한 환난과 시련 속에서도 감사해야 합니다. "환난의 많은 시련 가운데서 그들의 넘치는 기쁨과 극심한 가난이 그들의 풍성한 연보를 넘치도록 하게 하였느니라"(고후 8:2). 우리에게 닥치는 시련들은 우리가 처한 상황을 더욱 어렵게 하려고 찾아오는 것이 아닙니다. 그것이 바로 우리를 향한 하나님의 사랑의 표시요, 축복의 씨앗인 것을 믿으십시오.

하나님은 신명기 16장에서 감사 절기에 관해 인간이 꼭 지켜야 할 세 가지를 당부하십니다. 첫째, 감사의 절기를 빼지 말고 지키라고 하십니다. 하나님이 제정한 감사의 절기를 놓치지 말고 꼭 지켜야 합니다. 둘째, 즐거움으로 지키라고 하십니다. 셋째, 하나님이 주신 복을 따라, 각자 그 힘대로 예물을 드려서 감사하라고 말씀하십니다. 하나님은 영광받으시기 위해 우리를 지으셨으며, 그러한 영광과 감사를 받기에 합당한 분이십니다. 하나님의 뜻대로 늘 감사하며 그로 인한 기쁨을 누릴 수 있기를 바랍니다.

감사할 수 없는 상황에서 드리는 감사

신앙생활을 하다 보면 하나님과 내가 일치될 때가 있습니다. 그런데 때로는 하나님의 뜻과 내 뜻이 나뉠 때가 있습니다. 바로 이런 때가 하나님께서 나를 시험해보시는 때입니다. 내 신앙의 진위가 분별되는 때입니다. 하나님은 어떤 믿음의 사람일지라도 모두 이렇게 시험해보신다는 사실을 잊지 마십시오.

지금은 유난히 어려운 때입니다. 개개인의 걱정을 넘어서 국가적 차원의 걱정이 많은 때입니다. 이런 때일수록 진정으로 하나님을 의지하며, 하나님만이 내 기쁨이고 하나님만이 내 감사의 조건임을 증명할 수 있게 되기를 바랍니다.

하박국 3장 16~19절을 보면 하박국 선지자가 극심한 어려움 가운데서도 하나님께 감사하며 하나님으로 인해 기뻐하는 모습이 나옵니다. 사실 하박국 선지자의 현재 상태를 보면 무엇 하나 제대로 돌아가는 게 없습니다. 창자가 흔들리고 입술이 떨리며, 다가올 환난을 생각하니 뼈가 썩어가고 아랫도리가 후들거립니다.

게다가 삶의 형편은 더욱 심각하니, 무화과나무가 무성하지 못하고 포도나무에 열매가 없고 감람나무에도 소출이 없습니다. 밭에 식물이 없으며 곡식은 나지도 않고 우리에 양도 없습니다. 외양간에는 소가 없고, 목장에도 소 떼가 전혀 보이지 않습니다. 여러 가지로 절망적인 상황인데, 여기서 바로 하박국 선지자의 신앙의 본질이 드러납니다.

나는 여호와로 말미암아 즐거워하며 나의 구원의 하나님으로 말미암아 기뻐하리로다 주 여호와는 나의 힘이시라 나의 발을 사슴과 같게 하사 나를 나의 높은 곳으로 다니게 하시리로다(합 3:18~19).

그는 바로 최악의 상황에서 최상의 기쁨과 만족과 감사를 깨닫게 됩니다.

인류 역사가 시작된 이래 가장 걱정이 없었을 때가 언제였을까요? 이스라엘 백성이 광야에서 40년 동안 지낼 때였습니다. 최악으로 어려웠던 그때가 가장 걱정 없었던 때라는 말은, 그 속에서 하나님의 인도를 받고 하나님의 보살핌을 받으며 하나님 한 분만으로 만족하는 축복의 삶을 경험했기 때문입니다. 광야 40년 기간에는 하나님이 만나를 내려주시지 않으면 하루도 살 수 없었습니다. 낮에 구름기둥이 뜨지 않으면 더워서 살 수 없고, 밤에 불기둥이 뜨지 않으면 추워서 견딜 수 없었습니다. 한순간도 하나님이 도와주시지 않으면 살 수 없는 가장 어려웠던 그때가 가장 문제없고 걱정 없고 평안하고 좋은 때였다는 것이 바로 삶의 아이러니입니다.

삶의 행복과 감사는 절대 조건 속에 있지 않음을 깨달으십시오. 여러분은 형편이 좋고 모든 일이 잘 돌아가면 하나님께 감사하고, 그렇지 못하면 원망하는 본능적이고 현상적인 믿음을 가진 사람입니까? 아니면 그런 것을 초월하여 감사하고 사는 본질적인 믿음의 사람입니까? 창세기 4장에서 가인이 드린 제사가 현상의 제사요, 아벨이 드린 제사가 본질의 제사입니다.

아벨의 제물에만 진정한 감사와 기쁨이 있었기에 하나님께서 아벨과 그 제물은 열납하셨으나 가인과 그 제물은 열납하지 않으셨던 것입니다. 무슨 말입니까? 하나님은 제물만 받으시는 것이 아니라 사람까지 받으신다는 것입니다. 하나님께 열납되는 본질의 감사를 드릴 수 있는 사람이 되길 소망합니다.

신앙의 최고 경지가 무엇입니까? 도저히 감사할 수 없는 상황에서도 감사를 드릴 수 있는 사람이 신앙의 최고 경지에 들어간 사람입니다. 왜 그럴까요? 하나님이 주신 계명 중에 가장 큰 계명은 "네 마음을 다하고 목숨을 다하고 뜻을 다하여 주 너의 하나님을 사랑하라"(마 22:37)는 것입니다. 이 계명만 지키면 다른 삶의 현상들은 전혀 문제가 되지 않습니다. "내가 하나님 때문에 만족했고 하나님 때문에 기뻐했고 하나님 때문에 감사했지, 언제 돈 때문에 기뻐하고 자식 때문에 기뻐하고 형편 때문에 감사했던가?"라고 말할 수 있는 경지에 들어간 사람이 바로 믿음의 사람 하박국 선지자였습니다.

가진 것이 있을 때는 내가 그로 인해 감사하는 건지, 하나님 때문에 감사하는 건지 알 수 없습니다. 그런데 모든 것이 없어지면 알게 됩니다. 제대로 된 믿음의 사람은 어느 것에도 영향을 받지 않습니다. 가진 것이 없어졌을 때 영향받는 사람은 하나님 때문에 감사한 게 아니라 조건 때문에 감사했다는 것이 증명됩니다.

욥의 신앙이 훌륭한 것은 무엇 때문입니까? 고난 속에서도 그의 삶에 흔들림이 없었기 때문입니다. 변함없이 주님을 사랑했기 때문입니다. 그는 자식과 물질보다도 하나님을 더욱 사랑하고 살았습니다. 여러분은 하나님보다 더 사랑하는 것이 있습니까? 나중에 보면 그것이 꼭 여러분을 실망시키고 낙담하게 합니다. 왜냐하면 하나님은 우리의 믿음을 시험하실 때 시원찮은 것으로 시험하시는 것이 아니라 가장 귀한 것으로 시험하시기 때문입니다.

아브라함에게 찾아온 시험은 무엇이었습니까? 하나님께서 "아브라함아! 너 헌금해라" 하고 명하셨으면 그것은 시험도 아닙니다. 그런데 아브라함은 "네 아들 이삭을 모리아 산에서 제물로 드려라" 하는 명령을 받습니다. 사랑의 하나님이 왜 그런 명령을 하셨을까요? 아브라함에게 있어서 가장 귀중한 것은 독자 이삭이었기 때문입니다. 사랑은 있어도 그만, 없어도 그만인 것을 주는 게 아닙니다. 자신의 가장 귀한 것을 주는 것입니다. 아브라함이 소중한 아들 이삭을 하나님께 드리려고 했던 것은 정말로 하나님을 사랑했기 때문입니다. 마찬가지로 하나님이 가장 귀한 독생자를 우리에게 주신 것은 우리를 죽기까지 사랑하셨기 때문입니다.

여러분의 삶 속에도 하나님은 틀림없이 시험을 주실 것입니다. 그 시험에 합격하시기를 바랍니다. "하나님, 내가 감사하는 것은 하나님 때문에 감사하는 것이지, 자식 때문에 감사하는 것이 아닙니다. 내가 기뻐하는 것은 하나님 때문에 기뻐하는 것이지, 물질 때문에 기뻐하는 것이 아닙니다"라고 고백할 수 있어야 합니다. 평소에는 어떤 것이 내 기쁨의 근원이었는지 모릅니다. 그런데 가지고 있던 것이 모두 사라졌을 때도 변함없이 감사하고 기뻐할 수 있다면, 하나님 때문에 기뻐한다는 것이 증명됩니다.

"목사님, 그러다 가지고 있는 모든 것이 진짜 없어져버리면 어떡하려고 그래요?" 없어지지 않을 것이라고 믿는 게 믿음입니다. 아니, 설령 없어진다 하더라도 감사할 수 있는 것이 믿음입니다. 그래서 이런 노래도 있지 않습니까? "그리 아니하실지라도 감사해요." 무슨 말입니까? "하나님이 반드시 나를 축복해주실 것이다. 하지만 그렇지 않을지라도 나는 하나님께 순종하리라" 하고 말할 수 있는 것이 믿음이라는 것입니다. 그것이 바로 조건 없는 본질적 믿음이요, 순수한 본질적 감사입니다.

세상이 감당 못할 믿음의 사람

믿음으로 살면서 후회한 사람이 어디 있고, 잘못된 사람이 어디 있습니까? 다윗도 그랬습니다. "여호와는 나의 목자시니 내게 부족함이 없으리로다"(시 23:1). 다윗이 쫓겨 다니고 피난 가고 죽을 위험을 넘기는 등의 어려움 속에서도 견딜 수 있었던 힘이 어디 있는지 아십니까? 하나님 한 분만 의지하는 신앙이 있었기 때문입니다. 하나님 한 분으로 만족하는 본질적 감사가 있었기 때문에 견딜 수 있었던 것입니다. 환경에 영향받는 기쁨과 감사가 아니라, 환경을 초월하는 기쁨과 감사를 드리는 사람이 되어야 합니다.

믿음의 사람은 모두 감사의 사람이었습니다.

다니엘이 이 조서에 왕의 도장이 찍힌 것을 알고도 자기 집에 돌아가서는 윗방에 올라가 예루살렘으로 향한 창문을 열고 전에 하던 대로 하루 세 번씩 무릎을 꿇고 기도하며 그의 하나님께 감사하였더라(단 6:10).

기도하면 잡아 죽인다고 해도 절대 굴하지 않고 하나님께 감사하며 기도하는 다니엘을 보십시오. 다니엘처럼 본질적 감사를 드릴 수 있는 사람은 세상이 감당할 수 없는 믿음의 사람입니다. 그런 사람들이 어떻게 살았는지 히브리서 11장 33~38절을 읽어보십시오.

그들은 믿음으로 나라들을 이기기도 하며 의를 행하기도 하며 약속을 받기도 하며 사자들의 입을 막기도 하며 불의 세력을 멸하기도 하며 칼날을 피하기도 하며 연약한 가운데서 강하게 되기도 하며 전쟁에 용감하게 되어 이방 사람들의 진을 물리치기도 하며 여자들은 자기의 죽은 자들을 부활로 받아들이기도 하며 또 어떤 이들은 더 좋은 부활을 얻고자 하여 심한 고문을 받되 구차히 풀려나기를 원하지 아니하였으며 또 어떤 이들은 조롱과 채찍질뿐 아니라 결박과 옥에 갇히는 시련도 받았으며 돌로 치는 것과 톱으로 켜는 것과 시험과 칼로 죽임을 당하고 양과 염소의 가죽을 입고 유리하여 궁핍과 환난과 학대를 받았으니 (이런 사람은 세상이 감당하지 못하느니라) 그들이 광야와 산과 동굴과 토굴에 유리하였느니라.

산 믿음과 죽은 믿음의 차이가 무엇일까요? 죽은 믿음은 세상 물결에 그냥 떠내려가지만 산 믿음은 세상 물결을 거슬러 올라간다는 것입니다. 현상적 감사는 잘될 때 감사하고 안될 때는 원망하지만, 본질적 감사는 잘될 때나 안될 때나 항상 감사하는 것입니다. 범사에 감사하는 것이 우리를 향한 하나님의 뜻이라는 것을 기억하십시오.

왜 낙심하고 절망하는지 아십니까? 인생을 끊어서 보기 때문입니다. 눈앞의 일에만 급급하기 때문입니다. 하지만 인생을 통으로 보면 모든 것이 다 감사한 것뿐임을 알게 됩니다. 지금의 아픔도 결국은 나에게 은혜가 되고, 복이 된다는 것을 알기 때문입니다.

인생을 살다 보면 누구에게나 어려움이 찾아옵니다. 이럴 때 믿음의 사람과 믿음이 없는 사람의 차이점이 무엇일까요? 믿음의 사람은 어떠한 어려움도 이겨냅니다. 믿음이 없는 사람은 조금만 벅차도 무너지고 맙니다. 우리에게도 분명히 다리가 후들후들 떨릴 만큼 힘들고 어려운 일들이 찾아올 것입니다. 오늘 여러분이 하나님께 드리는 본질적 감사가 나중에 찾아올 어려움을 가뿐히 이길 수 있는 힘의 원동력이 될 수 있기를 축원합니다.

감사할 때 생기는 일

그러면 감사는 어떤 결과를 가져올까요? 첫째, 환난에서 우리를 구해줍니다.

감사로 하나님께 제사를 드리며 지존하신 이에게 네 서원을 갚으며 환난 날에 나를 부르라 내가 너를 건지리니 네가 나를 영화롭게 하리로다(시 50:14~15).

기도도 그냥 하기만 하는 것이 아니라 쌓아놓은 것이 있어야 됩니다. 열왕기하 20장을 보면 히스기야 왕이 죽을병에 걸려서 기도하는 모습이 나옵니다.

그때에 히스기야가 병들어 죽게 되매 아모스의 아들 선지자 이사야가 그에게 나아와서 그에게 이르되 여호와의 말씀이 너는 집을 정리하라 네가 죽고 살지 못하리라 하셨나이다 히스기야가 낯을 벽으로 향하고 여호와께 기도하여 이르되 여호와여 구하오니 내가 진실과 전심으로 주 앞에 행하며 주께

히스기야 왕이 죽을병에 걸리자 얼굴을 벽으로 향하여 부르
짖으면서 말합니다. "주여! 내가 진실과 전심으로 주를 위하여
섬긴 것을 기억하사, 나 살려주세요!" 은행에 적금을 들어놓으
면 어려울 때 찾아 쓸 수 있는 것처럼, 하나님을 전심으로 섬기
고 감사했던 것이 어려울 때 부르짖을 수 있는 이유가 됩니다.

그러면, 아무것도 해놓지 않은 사람은 어려운 일을 당했을
때 어떻게 해야 합니까? 그때 필요한 것이 '서원'입니다. 은행
에 가면 맡겨둔 돈을 찾아오기도 하지만, 대출을 할 때도 있습
니다. 서원기도는 대출과 같습니다. "아버지, 앞으로 잘할 것이
오니, 살려주옵소서" 하고 약속하는 것입니다. 놀라운 것은 하
나님께서 그런 기도도 들어주신다는 것입니다. 단, 서원한 것
은 반드시 갚아야 합니다.

둘째, 감사하면 아무것도 염려할 필요가 없어집니다. "아무
것도 염려하지 말고 다만 모든 일에 기도와 간구로, 너희 구할
것을 감사함으로 하나님께 아뢰라 그리하면 모든 지각에 뛰어
난 하나님의 평강이 그리스도 예수 안에서 너희 마음과 생각을

지키시리라"(빌 4:6~7). 염려하면 감사가 사라지고, 감사하면 염려가 사라집니다. 그러므로 일이 잘 풀리지 않을 때도 무조건 감사하십시오.

셋째, 감사하면 구원을 얻게 됩니다. "감사로 제사를 드리는 자가 나를 영화롭게 하나니 그의 행위를 옳게 하는 자에게 내가 하나님의 구원을 보이리라"(시 50:23). 다윗이 사울 왕에게 그토록 쫓기면서도 구원을 받을 수 있었던 것은 쫓기는 가운데서도 늘 하나님 앞에 감사할 수 있는 믿음의 사람이었기 때문입니다. 어떠한 상황에서도 불평하지 않고 하나님만을 의지하며 감사와 찬송을 드리는데 하나님께서 어떻게 내버려두시겠습니까?

넷째, 하나님께서 하늘 문을 열어주십니다. "여호와께서 너를 위하여 하늘의 아름다운 보고를 여시사 네 땅에 때를 따라 비를 내리시고 네 손으로 하는 모든 일에 복을 주시리니"(신 28:12). 감사의 믿음, 감사의 감격이 살아 있으면 하나님은 내 편이 됩니다.

다섯째, 하나님이 축복해주십니다. "마당에는 밀이 가득하고 독에는 새 포도주와 기름이 넘치리로다"(욜 2:24). 감사하는 자들은 하나님이 넘치도록 부어주십니다. '밀이 가득하다'는 것은 1년이 지날 때까지 작년에 수확한 것이 떨어지지 않는다는 것입니다. 쉽게 말하자면 다음 월급을 탈 때까지 통장에 잔액이 남아 있는 것과 같습니다. 그런 축복을 받아야 합니다.

여섯째, 하나님께서 적을 물리쳐주십니다. "내가 전에 너희에게 보낸 큰 군대 곧 메뚜기와 느치와 황충과 팥중이가 먹은 햇수대로 너희에게 갚아주리니"(욜 2:25). 하나님께 감사하면 적이었던 사람도 내 편으로 만들어주십니다.

직장생활을 할 때 상관이 나에게 해를 주는 경우도 있습니다. 그때 보통은 "상사 잘못 만났어!" 하며 불평을 늘어놓습니다. 하지만 그럴 때라도 감사하십시오. 어떠한 근무 조건에서도 감사하며 성실히 일하는 사람이 상사의 눈에도 드는 법입니다. 어떤 불이익이 오더라도 그저 감사하면, 전에는 화가 되었던 것들도 갑절의 복이 되어 돌아옵니다.

일곱째, 수치를 당하지 않게 해줍니다. "너희는 먹되 풍족히 먹고 너희에게 놀라운 일을 행하신 너희 하나님 여호와의 이름을 찬송할 것이라 내 백성이 영원히 수치를 당하지 아니하리로다"(욜 2:26). 삶이란 누구에게나 공평합니다. 그런데 어떤 이에게는 불공평하게 느껴집니다. 왜 그럴까요? 깨달음의 차이요, 시선의 차이요, 방향의 차이입니다. 햇빛은 똑같이 비추지만 어떤 이는 햇빛을 보고 살고 어떤 이는 햇빛을 등지고 있기에 그림자만 보고 사는 것입니다. 감사한 마음을 갖게 되면 어둠이 물러가고, 부정적인 것이 물러가고, 원망과 절망이 물러갑니다. 감사하게 되면 희망이 찾아오고 건강과 축복과 은혜가 찾아옵니다. 여러분 마음에 감사가 살아나 하나님의 놀라운 은혜와 능력과 축복을 경험하며 살 수 있기를 바랍니다.

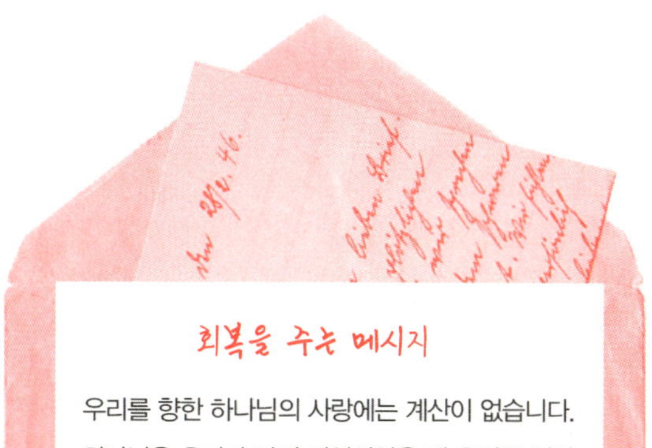

회복을 주는 메시지

우리를 향한 하나님의 사랑에는 계산이 없습니다. 하나님은 우리가 아직 죄인이었을 때 우리를 위하여 독생자 예수 그리스도를 십자가에 죽이심으로 우리에 대한 그분의 사랑을 확증하셨습니다. 하나님은 우리를 부족한 모습 그대로 사랑하십니다. 그 크신 은혜를 깨닫고 하나님의 뜻대로 바르게 살려고 하는 사람에게 참된 감사가 있습니다.

4

믿음의 사람은 어떻게 살아야 하는가

만일 너희에게 믿음이 겨자씨 한 알 만큼만 있어도 이 산을 명하여 여기서 저기로 옮겨지라 하면 옮겨질 것이요 또 너희가 못할 것이 없으리라(마 17:20).

'믿음이 무엇인가?' 하는 질문에 대해서는 참으로 다양한 대답들이 나올 수 있습니다. 하지만 그러한 질문보다는 '도대체 믿음의 사람은 어떻게 행동하며 어떻게 살아가느냐'란 질문이 더욱 중요하다고 생각합니다. 우리가 어떤 말에 대한 정의는 알지만 그대로 살지는 못하는 경우가 많기 때문입니다.

다시 말해, '믿음'이 무엇인지 아는 것만으로는 아무 소용이 없다는 것입니다. 그러한 믿음을 실천하며 삶으로 보여주는 것이 중요하다는 것입니다. 그러면 지금부터 믿음의 사람들이 어떻게 살아야 하는지를 살펴보며 믿음이 무엇인지 알아보겠습니다.

<h1 style="text-align:center">믿음의 사람은 이렇게 산다</h1>

첫째, 믿음의 사람은 인권이 무엇인지 알고, 인권을 존중하며 살아갑니다. 인권이라는 것은 인간으로서 당연히 갖는 기본적 권리입니다. 그런데 2천 년 전, 즉 종과 노예가 당연히 인정되었던 그 시대에도 믿음의 사람들만큼은 인권이 무엇인지 알고 누구든 하나님의 마음으로 사랑하고 인격적으로 대했다는 사실은 놀라운 일입니다.

예수께서 가버나움에 들어가시니 한 백부장이 나아와 간구하여 이르되 주여 내 하인이 중풍병으로 집에 누워 몹시 괴로워하나이다 이르시되 내가 가서 고쳐주리라 백부장이 대답하여 이르되 주여 내 집에 들어오심을 나는 감당하지 못하겠사오니 다만 말씀으로만 하옵소서 그러면 내 하인이 낫겠사옵나이다 나도 남의 수하에 있는 사람이요 내 아래에도 군사가 있으니 이더러 가라 하면 가고 저더러 오라 하면 오고 내 종더러 이것을 하라 하면 하나이다 예수께서 들으시고 놀랍게 여겨 따르는 자들에게 이르시되 내가 진실로 너희에게 이르노니 이스라엘 중 아무에게서도 이만한 믿음을 보지 못하였노라(마 8:5~10).

돈을 주고 사온 종이 중풍병에 걸렸다면 그 당시 일반적인 사람의 경우 "에이, 사람을 잘못 골라왔네"라고 말하며 후회했을 것입니다. 그런데 성경 속 이 백부장은 종을 향해 인격적인 사랑을 베풀고 있습니다. 인간의 가치와 귀중함을 알고 영혼의 존귀함을 아는 것이 믿음입니다.

만민평등주의가 팽배한 이 시대에도 인권 유린이 많이 일어나고 있습니다. 믿음의 사람들은 그러한 일들에 맞서고, 인권을 보장하며 모든 사람을 인격적으로 대하는 일에 앞장서야 합니다.

둘째, 믿음의 사람은 신앙고백을 분명하게 합니다. 마태복음 8장에 나오는 가버나움의 백부장은 예수님을 향해 "주여!"라고 외칩니다. 이것은 쉬운 말이 아닙니다. 고린도전서 12장 3절에서는 "그러므로 내가 너희에게 알리노니 하나님의 영으로 말하는 자는 누구든지 예수를 저주할 자라 하지 아니하고 또 성령으로 아니하고는 누구든지 예수를 주시라 할 수 없느니라"라고 말합니다. 즉, 예수님을 '주'라고 부를 수 있으려면 성령이 역사해야 한다는 것입니다. 이 백부장의 마음속에도 성령이 역사하고 있는 것입니다.

로마서 10장 9절에서는 "네가 만일 네 입으로 예수를 주로 시인하며 또 하나님께서 그를 죽은 자 가운데서 살리신 것을 네 마음에 믿으면 구원을 받으리라" 하고 말합니다. 베드로와 가룟 유다의 차이가 무엇인지 아십니까? 베드로는 예수님이 잡혀가시자 주님을 모른다고 세 번이나 부인했고 가룟 유다는 삼십에 스승을 팔았습니다. 그런데 베드로는 회개하고 예수님의 위대한 제자가 되었지만 가룟 유다는 자살해서 죽고 맙니다. 왜 두 사람은 다른 길을 가게 되었을까요?

베드로는 예수님을 주님으로 인정하고 고백합니다. 하지만 가룟 유다는 한 번도 예수님을 '주님'이라고 부른 적이 없습니다. 즉, 베드로와 가룟 유다의 차이가 있다면 예수님께 대한 신앙고백이 있었느냐 없었느냐 하는 것입니다.

그 위대한 "주여!"라는 고백을 가버나움의 백부장은 두 번씩이나 하고 있습니다. 베드로와 백부장의 마음속에 성령이 함께하셔서 예수님을 '주'라고 부를 수 있었던 것처럼 여러분도 예수님을 주님으로 인정하고 고백할 수 있기를 바랍니다. 그런 고백을 하는 사람의 인생은 하나님이 책임져주실 것입니다.

셋째, 믿음의 사람에게는 참된 경외심이 있습니다. 가버나움의 백부장은 주님같이 귀한 분을 자신처럼 낮고 천한 사람의 집에 모실 수가 없다고 말합니다. 그 당시 로마에서의 기준으로 신분을 살펴보면, 백부장은 로마 군대의 조직 가운데 100명으로 조직된 단위 부대의 우두머리입니다. 그리고 예수님은 피지배 국가의 천한 목수의 아들입니다. 감히 신분상 비교할 수 없는 존재입니다. 그런데 본질은 그렇지 않습니다. 백부장은 죄인이고 예수님은 그 죄인을 구원할 구주이십니다. 백부장은 해결 못할 질고의 문제를 가진 사람이고, 예수님은 그 문제를 해결하실 수 있는 유일한 구세주인 것입니다. 그 본질의 관계를 가버나움의 백부장은 바로 인식하고 있었습니다. 예수님과의 본질적 관계에서 나오는 경외심, 그것이 바로 믿음입니다.

치료와 구원은 절대적 신뢰와 경외심 속에서 나옵니다. 한마디로 상대방을 우습게 여기면 역사가 일어나지 않습니다. 아무리 좋은 의사가 최고로 좋은 약을 처방해줘도 "이거 먹으면 정말 나아요? 괜히 약값만 버리는 거 아니에요?"라고 의심하면 약의 효과가 떨어질 수 있습니다. 치료에 있어 환자와 의사와의 관계에서 오는 신뢰도 중요하기 때문입니다.

우리 교회에 백혈병으로 고생한 청년이 있었습니다. 저를 포함하여 온 교인이 같이 기도했었습니다. 그런데 한번은 그 청년이 찾아와서 상담을 했습니다.

"목사님, 마태복음 8장을 보면 백부장 하인은 본인은 믿음이 없었는데도 백부장의 믿음으로 나았지요? 목사님, 저도 믿음은 없지만 목사님 믿음으로 저 좀 고쳐주세요."

그 순간 저도 모르게 등골에서 식은땀이 흘렀습니다. 그래서 저는 하나님께 지혜를 구하며 다음과 같이 말했습니다.

"백부장의 종이 중풍에 걸렸지? 그런데 그 종이 돈 벌면 누구 돈이 되지?"

"주인 돈이 되지요."

"까먹으면 누구 돈을 까먹는 거지?"

"주인 돈 까먹는 거지요."

"그 종은 자기 의지로 사나? 주인 의지로 사나?"

"주인 의지로 살지요. 주인이 가라면 가고 오라면 오고."

"그래, 너는 돈 벌면 네 돈 되냐? 내 돈 되냐?"

"내 돈 되지요."

"너는 네 마음대로 사냐? 내 마음대로 사냐?"

"내 마음대로 살지요."

"그렇지? 너와 나는 주인과 종이 아니야. 너는 너고 나는 나지. 내가 아무리 기도해도 네 병을 고칠 수는 없어. 네가 치유되는 것은 너와 주님과의 관계에서 오는 거야. 나는 너를 위해서 기도하고 안수해줄 수는 있지만 내 기도로 네 문제를 해결받을 수는 없다."

목사 아들이라고 천국 가는 것이 아닙니다. 목사는 목사대로 믿어서 가는 것이고, 목사 아들은 목사 아들대로 믿어서 가는 것입니다. 그런데 흔히 이런 사람들이 있습니다. "목사님 저는 걱정 없습니다. 우리 집사람이 교회 열심히 나가거든요." 믿음은 나와 주님과의 관계입니다. 거기에는 아무도 들어올 수 없습니다. 주님을 경외하고 경배하는 믿음을 가지십시오.

넷째, 믿음의 사람은 말씀에 순종합니다. 믿음이 무엇입니까? 사도 바울은 히브리서 11장 1절에서 이렇게 말합니다. "믿음은 바라는 것들의 실상이요 보이지 않는 것들의 증거니." 즉, 하나님의 말씀에 순종할 수 있는 힘이 있느냐 없느냐가 바로 믿음이 있느냐 없느냐를 결정해주는 것입니다.

가버나움의 백부장이 가진 믿음은 어떠했습니까?

나도 남의 수하에 있는 사람이요 내 아래에도 군사가 있으니

이더러 가라 하면 가고 저더러 오라 하면 오고 내 종더러 이것

을 하라 하면 하나이다(마 8:9).

주님이 말씀하면 된다는 것입니다. 그것이 바로 믿음입니다. "믿습니다!" 하고 외치기만 하는 것이 믿음이 아닙니다. 전 재산을 헌금으로 드리는 것만이 믿음이 아닙니다. 주님의 말씀에 그대로 순종하는 것이 믿음입니다.

사도행전 16장 31절에서는 이렇게 말합니다. "이르되 주 예수를 믿으라 그리하면 너와 네 집이 구원을 받으리라." 여러분은 이 말씀을 믿습니까? 나중에 천국 갔을 때 천사들이 "어떻게 오셨습니까?" 하고 물으면 "나 교회 다녔어요"라고 대답하실 겁니까? 아니면 "나도 구제 쌀 냈는데?", "우리 아버지가 목사님이에요", "장 목사 내가 잘 알아요" 같은 대답을 하실 겁니까? "주 예수를 믿으면 나와 내 집이 구원을 얻는다는 말씀을 믿고 왔나이다"라고 대답할 수 있어야 합니다.

영접하는 자 곧 그 이름을 믿는 자들에게는 하나님의 자녀가 되는 권세를 주셨으니(요 1:12).

우리는 예수 믿고 하나님의 자녀가 되었습니다. 아들이 아버지 집에 들어가는 것은 똑똑하거나 착해서 들어가는 게 아닙니다. 마찬가지로 우리가 하늘나라에 갈 수 있는 것은 우리가 잘나고 선행을 베풀며 살아서가 아니라 하나님의 자녀이기 때문입니다. 우리는 하나님의 자녀이기에, 후사이기에, 하늘나라를 상속할 자격이 있다고 주님이 말씀하셨기에, 그 말씀을 믿고 가는 것입니다. 이것이 믿음입니다.

믿는 자들에게는 이런 표적이 따르리니 곧 그들이 내 이름으로 귀신을 쫓아내며 새 방언을 말하며 뱀을 집어올리며 무슨 독을 마실지라도 해를 받지 아니하며 병든 사람에게 손을 얹은즉 나으리라 하시더라(막 16:17).

"손을 얹은즉 나으리라" 하는 하나님의 말씀을 그대로 믿을 때 역사가 일어납니다. 제가 이렇게 설교를 했더니 선배 목사님이 저를 부르고 말합니다.

"장 목사, 왜 자네는 설교를 잘해놓고 쓸데없는 소리를 하는가? 병든 자에게 손을 얹은즉 나을 것이라는 말은 하지 말아야지. 그러다가 안 나으면 어떡하려고 그러는가?"

듣고 보니까 그 말이 맞는 것도 같아서 '아, 앞으로는 그 얘기하지 말아야 되겠다' 했는데 갑자기 마음속에 하나님이 주시는 생각이 떠올라서 다음과 같이 말했습니다.

"목사님, 목사님도 예수 믿으면 천국 간다는 말씀 하지 마세요. 그러다 못 가면 어떡하려고 그래요?"

병이 낫고 안 낫고, 천국을 가고 못 가고는 우리 소관이 아닙니다. 우리는 그저 하나님의 말씀이기에 믿고 순종하는 것뿐입니다.

여러분이 예배에 참석하는 것은 하나님께서 인도해주시는 것입니다. 그런데 어떤 사람은 "교회에 가거라" 하고 성령께서 감동을 줄 때 "아멘" 하고 순종하고 교회에 가지만 어떤 사람은 "아이고, 교회에 가긴 가야 하는데 오늘은 그냥 등산을 가렵니다" 하며 순종하지 않습니다. 여러 번 강조하지만, 하나님의 말씀에 순종할 수 있는 힘이 믿음입니다.

아브라함은 아들 이삭을 제물로 드리라고 했을 때도 아무 말 없이 순종합니다. 우리 같으면 믿음은 있지만 아들을 제물로 드리라고 하면 교회에 나가지 않을 것입니다. 그게 바로 믿음의 차이입니다.

이르시되 너희 믿음이 작은 까닭이니라 진실로 너희에게 이 여러분도 예수님을 놀라게 하고, 예수님께 칭찬 들을 수 있는 믿음의 주인공이 되기를 바랍니다. 어떤 말씀이든지, 어떤 감동이든지 주시기만 하면 순종할 수 있는 믿음을 가진 사람이 되십시오.

역설적인 그리스도인의 삶

교회와 세상의 원리는 다릅니다. 서로 반대되는 것을 추구할 때가 많습니다. 주님께서 우리에게 말씀하고 명령하시는 진리들은 세상 사람들이 볼 때는 도저히 이해되지 않는 역설의 진리일 때가 많습니다. 그러한 것들에는 어떤 것이 있는지 살펴봅시다.

첫째, "나는 너희에게 이르노니 악한 자를 대적하지 말라 누구든지 네 오른편 뺨을 치거든 왼편도 돌려 대며 또 너를 고발

하여 속옷을 가지고자 하는 자에게 겉옷까지도 가지게 하며”
(마 5:39~40).

사실 인간적인 상식으로는 이해가 되지 않는 말씀입니다. 하나님의 말씀은 때때로 이해하기가 어렵고 따르기도 힘듭니다. 하지만 말씀대로 살아보면 그 말씀이 옳다는 것을 알게 됩니다. 그렇게 나를 욕하고 어렵게 하던 사람들이 어느 순간 내 편이 됩니다.

돌이켜보면 나에게 잘해준 사람이 내게 준 유익도 있지만 나에게 못해준 사람이 주는 유익도 많다는 것을 깨닫게 됩니다. 인생길에서 내 앞의 돌이 무슨 문제가 됩니까? 밟으면 디딤돌이고 걸리면 걸림돌인 것이지요. 원수 탓하지 마십시오. 원수가 나에게 불이익을 주고 불편하게 할 때도 있지만 원수만큼 나를 지혜롭게 하는 사람도 없습니다.

그러므로 원수를 탓할 것이 아니라 “이 풍랑으로 인해 더 빨리 갑니다”라고 말할 수 있어야 합니다. 풍랑이 불어 좌초되니까 문제지, 풍랑이 불 때 키만 잘 맞추면 오히려 쾌속정처럼 빨리 가는 법입니다.

둘째, “너희 중에는 그렇지 않을지니 너희 중에 누구든지 크고자 하는 자는 너희를 섬기는 자가 되고 너희 중에 누구든지 으뜸이 되고자 하는 자는 모든 사람의 종이 되어야 하리라"(막 10:43~44). 섬기는 자가 큰 사람이 되며, 남의 종처럼 사는 사람이 결국 으뜸이 된다는 역설의 진리를 깨닫게 되길 바랍니다. 자신의 모든 것을 내려놓고 낮아지는 사람은 마음이 평안해집니다.

한없이 낮아져서 바보처럼 살라는 말은 아닙니다. 자신을 낮추는 대신, 끊임없이 자기계발을 하고 노력하는 것입니다. 다른 사람이 나를 인정할 수밖에 없도록, 나를 쓰지 않고는 안 되도록 자신을 발전시켜야 합니다.

우리 예수님이 인간으로 이 세상에 오신 것은 섬김을 받으려 함이 아니라 도리어 섬기기 위해 오신 것입니다. 자신의 목숨을 많은 사람의 대속물로 주려고, 조건 없는 사랑의 마음으로 오신 것입니다. 그런 예수님을 닮아 우리도 다른 사람들을 섬기는 마음으로, 낮은 자세로 살아야 합니다.

셋째, "너희를 위하여 보물을 땅에 쌓아두지 말라 거기는 좀과 동록이 해하며 도둑이 구멍을 뚫고 도둑질하느니라 오직 너희를 위하여 보물을 하늘에 쌓아두라 거기는 좀이나 동록이 해하지 못하며 도둑이 구멍을 뚫지도 못하고 도둑질도 못하느니라 네 보물 있는 그곳에는 네 마음도 있느니라"(마 6:19~21).

마가복음 10장 21~22절을 보면 재물이 많은 한 사람이 예수님을 찾아와 어떻게 하면 영생을 얻을 수 있는지 물어봅니다. 그리고 예수님께서 그의 재물을 다 팔아 가난한 자들에게 주고 예수님을 따르면 하늘에서 보화가 있을 거라고 말씀하시자 그는 슬픈 기색을 띠며 떠납니다.

재물에 욕심을 내고 그 재물을 지키기 위해 하나님의 말씀은 거들떠보지도 않는 사람들이 있습니다. 이 땅의 재물에 연연하지 마십시오. 이 땅은 우리가 잠시 머물렀다 가는 곳입니다. 이 땅의 재물은 우리가 죽어서는 가지고 갈 수 없는 것입니다. 하지만 우리가 하나님의 말씀에 순종하며 말씀대로 살면, 영원히 살게 될 하늘나라에 보화가 쌓입니다. 잠시 있을 이곳에서 많은 재물을 가지려고 애쓰는 것이 중요합니까, 영원히 살 하늘나라에 보화를 쌓는 것이 중요합니까?

물론, 이 땅에서도 부유함의 축복을 누리고 하늘나라에서도 영원히 부유함을 누리면 가장 좋겠죠. 하지만 이 땅에서 조금 부족하게 산다 하더라도 하나님의 말씀대로 살면 천국에서 영원히 부유하게 살 수 있다는 소망을 가지고 살기를 바랍니다.

넷째, "내가 세상에 화평을 주러 온 줄로 생각하지 말라 화평이 아니요 검을 주러 왔노라 내가 온 것은 사람이 그 아버지와,

딸이 어머니와, 며느리가 시어머니와 불화하게 하려 함이니 사람의 원수가 자기 집안 식구리라”(마 10:34~36).

이게 무슨 말입니까? 지옥 갈 상태에서의 화목은 진정한 화목이 아닙니다. 천국 갈 상태에서의 화목이 진정한 화목입니다. 믿지 않는 가정에서 자녀들이 믿음을 가지게 되거나 믿는 며느리가 믿지 않는 가정에 들어가면 불화가 일어나는 것처럼 보일 수 있습니다. 하지만 불화로 보이는 그것이 바로 그 가정을 구원하여 천국 가게 하는, 진정한 화목에 이르는 길임을 알아야 합니다.

다섯째, “아무도 자신을 속이지 말라 너희 중에 누구든지 이 세상에서 지혜 있는 줄로 생각하거든 어리석은 자가 되라 그리하여야 지혜로운 자가 되리라”(고전 3:18).

세상에서 미련한 자가 하나님 앞에서는 지혜로운 자가 되는 것입니다. 잠언 11장 1절을 보면 이런 말씀이 나옵니다. “속이는 저울은 여호와께서 미워하시나 공평한 추는 그가 기뻐하시느니라.” 신명기 25장 13~15절에도 비슷한 말씀이 있습니다. “너는 네 주머니에 두 종류의 저울추 곧 큰 것과 작은 것을 넣지 말 것이며 네 집에 두 종류의 되 곧 큰 것과 작은 것을 두지 말 것이요 오직 온전하고 공정한 저울추를 두며 온전하고 공정한 되를 둘 것이라 그리하면 네 하나님 여호와께서 네게 주시는 땅에서 네 날이 길리라.”

장사하면서 저울추를 속이는 사람이 있습니다. 순간의 이익을 위해 다른 사람을 속이면서 재산을 불리는 것입니다. 얕은 꾀로 자신의 유익만 구하는 사람들이 있습니다. 정직하지 못하게, 다른 사람들의 눈에서 눈물을 뽑으며 자신만 잘살겠다고 하는 사람들을 하나님께서 과연 기뻐하실까요? 공평하고 정의로운 하나님께서 그런 사람들을 가만히 보고만 계시겠습니까?

조금 손해를 본다 하더라도 하나님께서 기뻐하실 일이 무엇인지 생각하며 행동하는 사람이 되어야 합니다. 그래서 세상 사람들이 어리석다고 비웃더라도 하나님 앞에서 바르고 아름답게 살며, 하나님께 지혜로운 자라는 칭찬을 들어야겠습니다.

교회와 세상의 다른 점

그렇다면 왜 하나님의 말씀과 세상의 원리에 차이가 생기는 것일까요?

첫째, 세상은 눈에 보이는 현상을 추구하지만 교회는 보이지 않는 본질을 추구하기 때문입니다. 그런데 본질을 추구하지 않고 눈에 보이는 현상만 추구하게 되면서 기독교의 변질이 일어나고 있습니다. 땅의 부자가 과연 하늘에서도 부자일까요? 땅에서 큰 교회의 목사가 하늘에서도 큰 교회의 목사일까요? 그런데 지금 이 땅에서 부를 쌓고 교회의 크기를 늘려가는 데만 관심을 두는 교회들이 늘어가고 있습니다.

둘째, 세상은 마귀의 영향 아래 있고, 교회는 하나님의 영향 아래 있기 때문입니다. 요한복음 18장 36절을 보면 예수님께서 "내 나라는 이 세상에 속한 것이 아니니라" 하고 말씀하십니다. 그러므로 우리는 언젠가 주께서 오라 하시면 이 땅에서의 모든 것을 툴툴 털고 올라갈 준비를 항상 하고 살아야 합니다.

셋째, 세상의 영은 교만하고 하나님의 영은 겸손하기 때문입니다. 사단의 기원적 설명을 볼까요?

너 아침의 아들 계명성이여 어찌 그리 하늘에서 떨어졌으며 너 열국을 엎은 자여 어찌 그리 땅에 찍혔는고 네가 네 마음에 이르기를 내가 하늘에 올라 하나님의 뭇 별 위에 내 자리를 높이리라 내가 북극 집회의 산 위에 앉으리라 가장 높은 구름에 올라가 지극히 높은 이와 같아지리라 하는도다 그러나 이제 네가 스올 곧 구덩이 맨 밑에 떨어짐을 당하리로다(사 14:12~15).

그런데 우리가 품어야 할 그리스도의 마음을 봅시다.

너희 안에 이 마음을 품으라 곧 그리스도 예수의 마음이니 그는 근본 하나님의 본체시나 하나님과 동등됨을 취할 것으로 여기지 아니하시고 오히려 자기를 비워 종의 형체를 가지사 사람들과 같이 되셨고 사람의 모양으로 나타나사 자기를 낮추시고 죽기까지 복종하셨으니 곧 십자가에 죽으심이라 이러므로 하나님이 그를 지극히 높여 모든 이름 위에 뛰어난 이름을 주사 하늘에 있는 자들과 땅에 있는 자들과 땅 아래에 있는 자들로 모든 무릎을 예수의 이름에 꿇게 하시고 모든 입으로 예수 그리스도를 주라 시인하여 하나님 아버지께 영광을 돌리게 하셨느니라(빌 2:5~11).

지금 여러분의 삶이 사단처럼 자꾸 높아지려고만 합니까? 아니면, 예수님처럼 자꾸 낮아지려고 합니까? 예수님을 닮아 낮아지면, 내가 높이지 않아도 주님께서 우리를 최고 좋은 자리로 높여주실 것을 믿으십시오. 그러면 시험 들 것도 없고, 시기할 것도 없고, 욕심 낼 것도 없습니다. 낮아져 있다면 어느 것에든 감사하며 살 것입니다. 낮아짐 속에서 한없는 행복과 기쁨과 축복을 누릴 수 있기를 바랍니다.

회복을 주는 메시지

'믿음'이 무엇인지 아는 것만으로는 아무 소용이 없습니다. 믿음을 실천하며 삶으로 보여주는 것이 중요합니다. 믿음의 사람은 인권을 존중하며 살아갑니다. 또한 믿음의 사람은 주님에 대한 신앙고백을 분명하게 할 줄 알고, 하나님을 향한 참된 경외심을 보여주며, 하나님 말씀에 늘 순종합니다. 세상 사람과 구별된 삶으로 믿음을 행하며 삽시다.

2부

사랑의 원형을 보여주는 가정

5

가정, 하나님이 만드신 최초의 기관

여호와 하나님이 아담에게서 취하신 그 갈빗대로 여자를 만드시고 그를 아담에게로 이끌어 오시니 아담이 이르되 이는 내 뼈 중의 뼈요 살 중의 살이라 이것을 남자에게서 취하였은즉 여자라 부르리라 하니라 이러므로 남자가 부모를 떠나 그의 아내와 합하여 둘이 한 몸을 이룰지로다(창 2:22~24).

한국 교회에서는 5월이면 어린이주일과 어버이주일을 지킵니다. 그런데 점차 자식과 부모 개념은 있는데 가족 개념은 상실되어간다는 것을 느꼈습니다. 개별적인 것은 잘 보는데 전체를 보는 눈을 자꾸 잃어간다는 것입니다.

자식을 귀하게 여기며 자식 하나 잘 키우는 데만 모든 것을 거는 부모들이 많습니다. 그러다가 가정이 깨지는 경우도 더러 있습니다. 왜 그럴까요? 전체를 보지 못하고 부분만 강조하며 살았기 때문입니다.

가정은 한 사람으로 이뤄지는 게 아닙니다. 엄마와 아빠, 자녀들이 어우러져 이루는 것입니다. 온 가족이 더불어 잘 살 때 한 가정이 바로 설 수 있습니다.

그러려면 우리는 가정이 어떻게 탄생했으며, 그 안에 담긴 하나님의 뜻이 무엇인지 깨달아야 합니다. 그럴 때 비로소 가정의 소중함과 행복의 의미를 알 수 있습니다.

최초의 가정은 어떻게 만들어졌나

가정은 하나님께서 만드신 최초의 기관입니다. 그런데 하나님께서 어찌하여 하와를 만드시게 되나요? 아담이 혼자 살기 싫어서 하나님께 함께 살 사람 좀 만들어달라고 요구하여 하와가 만들어졌나요? 아닙니다.

여호와 하나님이 이르시되 사람이 혼자 사는 것이 좋지 아니하니 내가 그를 위하여 돕는 배필을 지으리라 하시니라(창 2:18).

그리하여 하나님은 아담을 깊이 잠들게 하신 후에 갈빗대 하나를 취하시고 그것으로 여자를 만들어 아담에게로 이끄십니다. 인류 사상 첫 부부, 첫 가정이 탄생한 것입니다.

하나님께서는 아담 혼자 사는 것이 보기에 좋지 않다고 여기셔서 하와를 만드셨습니다. 그렇게 하여 가정이 만들어졌으니, 가정은 개인보다 우선한다고 볼 수 있습니다. 다시 말해서 개인으로 인해 가정이 깨어진다든지 침해를 받아서는 안 된다는 것입니다. 개인의 권리를 주장하기 이전에 가족과의 관계를 항상 먼저 생각해야 한다는 말입니다.

부부가 서로 마음에 안 드는 부분이 있고, 부모와 자식 간에 마음이 안 맞는 부분들이 있어도 인내하며 서로를 이해하려고 노력하면서 살아야 한다는 것입니다. 자기 마음에 들지 않는다고 "도저히 못하겠다. 오늘부로 아빠 역할은 끝이다"라고 말하면 안 되는 것입니다. 가족 구성원 누구든 마찬가지입니다. 개인의 욕구와 꿈도 중요하지만 그것이 가족과의 조화 속에서 이루어져야 합니다.

정상적인 세포와 암 세포가 뭐가 다른지 아십니까? 정상적인 세포는 몸 전체에서 조화를 이루는데, 암 세포는 오직 몸속에 자기만 있다고 여기는 것입니다. 조화를 이루지 못하고 자기만 생각하는 부모나 자식이 바로 가정의 암 세포입니다. 가정을 깨고 부수는 사람이 바로 가정의 암 덩어리입니다. 우리 몸의 모든 기능이 조화를 이루듯, 당신도 가족 속에서 조화를 이룰 수 있기를 바랍니다.

가족 탄생의 비밀

아담과 하와가 부부가 되어 가정을 이룬 것은 하나님의 뜻이었습니다. 하나님이 아담을 창조하시고 아담을 통해 하와를 만드셔서 가정을 이루시고, 그 둘이 자손을 낳아 수천 년이 흐르면서 지금 이 세상이 이루어졌습니다.

그런데 이 사실이 도대체 어떻게 설명될 수 있겠습니까? 누가복음 3장을 보면 하나님으로부터 아담, 그리고 예수님까지 계보가 이어집니다.

예수께서 가르치심을 시작하실 때에 삼십 세쯤 되시니라 사람들이 아는 대로는 요셉의 아들이니 요셉의 위는 헬리요 그 위는 맛닷이요 그 위는 레위요 그 위는 멜기요 그 위는 얀나요 그 위는 요셉이요 … 그 위는 에노스요 그 위는 셋이요 그 위는 아담이요 그 위는 하나님이시니라(눅 3:23~24, 38).

이것은 하나님이 가르쳐주시지 않으면 알 수 없는 계보입니다. 이 계보가 이어져 노아의 세 아들 셈과 함과 야벳을 통해 인류가 퍼지니, 그래서 현재 세상에는 셈의 후손인 황인종, 함의 후손인 흑인종, 야벳의 후손인 백인종, 이렇게 3인종이 존재하게 된 것입니다.

어째서 이 세상에 세 종류의 인종이 존재하는지 누가 알겠습니까? 하지만 우리는 정확한 답을 알고 있습니다.

그러면 어찌하여 이 세상의 언어가 이렇게 복잡합니까? 인간이 진화했으면 한 가지 말을 써야 하는데, 왜 이렇게 언어가 여러 가지일까요? 이것도 성경에 답이 있습니다.

역청으로 진흙을 대신하고 또 말하되 자, 성읍과 탑을 건설하여 그 탑 꼭대기를 하늘에 닿게 하여 우리 이름을 내고 온 지면에 흩어짐을 면하자 하였더니 여호와께서 사람들이 건설하는 그 성읍과 탑을 보려고 내려오셨더라 여호와께서 이르시되 이 무리가 한 족속이요 언어도 하나이므로 이같이 시작하였으니 이 후로는 그 하고자 하는 일을 막을 수 없으리로다 자, 우리가 내려가서 거기서 그들의 언어를 혼잡하게 하여 그들이 서로 알아듣지 못하게 하자 하시고 여호와께서 거기서 그들을 온 지면에 흩으셨으므로 그들이 그 도시를 건설하기를 그쳤더라 그러므로 그 이름을 바벨이라 하니 이는 여호와께서 거기서 온 땅의 언어를 혼잡하게 하셨음이니라(창 11:1~9).

우리가 성경을 통해 알 수 있는 이 사실들은 역사적으로도 증명이 되고 있으니 이것이 바로 진리입니다. 전 세계 모든 종교 중에 이렇게 분명한 답을 가지고 있는 종교는 기독교밖에 없습니다. 그 이유가 무엇입니까? 그 답을 가지신 이가 하나님이시기 때문입니다. 왜 다른 종교의 경전 속에는 이런 답이 없습니까? 그것은 세상의 이치와 우주의 섭리에 대한 답을 알지 못하는, 사람의 말이기 때문에 그렇습니다.

그리스도인들은 삶과 죽음에 대해서도 모두 답을 가지고 있습니다. 사람이 죽으면 어디로 갑니까? 하늘나라로 갑니다. 사람이 왜 삽니까? 하나님의 영광을 위해서 삽니다. 사람은 어디서 왔습니까? 하나님이 지어서 왔습니다. 모든 것이 하나님 말씀 속에 답이 있습니다.

그런데 오늘날 수많은 사람이 그 간단한 문제를 풀지 못하고 방황하고 있습니다. 주님을 몰라서 방황하는 것입니다. 주님 만나면 방황도 끝납니다. 주님을 만나려고 노력이나 해봤습니까? 그저 자신의 지식으로 하나님이 없다고 말하는 것이 아니라 하나님을 찾아보기는 했습니까?

"나는 부모가 없습니다"라는 것이 말이 됩니까? 부모 없이 우리가 어디서 나왔겠습니까? 마찬가지입니다. 우리가 하나님 없이 어디서 나왔겠습니까? 하나님이 그분의 형상대로 인간을 만드셨는데 우리 인간들은 "하나님은 존재하지 않는다"라고 말하고 있습니다. 아버지를 인정하지 않으면 자식의 도리가 아니듯, 천지를 창조하신 하나님을 인정하지 않는 것은 그분의 자식 된 도리가 아닙니다. 다음과 같은 하나님의 탄식이 들리지 않습니까?

하늘아, 들어라! 땅아, 귀를 기울여라! 주께서 말씀하신다. "내가 자식이라고 기르고 키웠는데, 그들이 나를 거역하였다. 소도 제 임자를 알고, 나귀도 주인이 저를 어떻게 먹여 키우는지 알건마는, 이스라엘은 알지 못하고, 나의 백성은 깨닫지 못하는구나"(사 1:2~3, 표준새번역).

가족 탄생에는 창조의 비밀이 담겨 있습니다. 이렇듯 하나님의 놀라운 섭리로 만들어진 가정을 귀하게 여기고 지켜야 하지 않겠습니까?

최초의 가정은 어떻게 무너졌나

하와를 본 아담은 감격하여 "이는 내 뼈 중의 뼈요 살 중의 살이라"(창 2:23) 하고 말했습니다.

이러므로 남자가 부모를 떠나 그의 아내와 합하여 둘이 한 몸을 이룰지로다 아담과 그의 아내 두 사람이 벌거벗었으나 부끄러워하지 아니하니라(창 2:24~25).

하나님께서 만드신 가정은 아름답고 행복했습니다. 또한 부족함이 없었고, 부부 사이에 스스러움이 없었습니다.

그런데 문제는 이렇게 행복하고 아름다운 삶, 부끄러움과 부족함이 없는 삶이 그리 오래 가지 못했다고 하는 사실입니다.

행복을 유지하려면 다스려야 할 것이 있고 지켜야 할 것이 있다는 것입니다. 하지만 아담과 하와는 '다스리며 지키라'는 하나님 말씀의 의미를 잘 몰랐습니다.

인간에게는 무슨 말을 듣든 직접 체험하기 전에는 그 말의 의미를 제대로 이해하지 못하는 약점이 있습니다. 부모들은 자녀들에게 늘 공부 열심히 하라고 말합니다. 그것을 듣는 자녀들은 그 말이 무슨 뜻인지 안다고 말하지만 사실은 잘 모릅니다. 그러고는 결국 공부를 열심히 하지 않아 후회하고 나서야 부모님이 왜 그렇게 공부하라고 하셨는지 그 말의 의미를 깨닫게 됩니다. 건강도 마찬가지입니다. 건강할 때는 크게 신경 쓰지 않다가 건강을 잃고 나서야 왜 진작 건강을 챙기지 못했는지 후회합니다. 무슨 일이든 평안할 때는 별 생각 없이 살다가 일이 잘못된 뒤에야 후회한다는 것입니다. 그것이 인간의 어리석음입니다.

그렇다면 아담과 하와가 완벽한 에덴동산을 지키기 위해서는 무엇을 조심해야 했을까요?

그런데 뱀은 여호와 하나님이 지으신 들짐승 중에 가장 간교하니라 뱀이 여자에게 물어 이르되 하나님이 참으로 너희에게 동산 모든 나무의 열매를 먹지 말라 하시더냐(창 3:1).

바로 뱀입니다. 요한은 뱀에 대해 이렇게 표현했습니다. "용을 잡으니 곧 옛 뱀이요 마귀요 사탄이라"(계 20:2). 다시 말해 뱀이 곧 마귀라는 것입니다.

우리는 때때로 사망의 음침한 골짜기로 빠질 때가 있습니다. 그러나 주님께서는 우리를 그곳에서 건져주십니다. 뿐만 아니라 하나님은 우리가 병들면 고쳐주시고, 잘못된 길로 가면 바른 길로 인도해주십니다. 하나님 안에 있는 사람은 잘못될 수가 없습니다. 그러니 마귀가 자꾸 하나님 밖으로 우리를 유혹해내는 것입니다. 아담과 하와는 이러한 마귀의 악한 꼬임에 빠져 하나님의 명을 어기고 죄를 범하고 맙니다.

그러면 뱀이 어떻게 가족을 무너뜨렸는지 살펴봅시다. 뱀은 먼저 하와에게 접근합니다. 왜 부부가 같이 있을 때 접근하지 않고 하와 혼자 있을 때 접근했을까 생각해봤습니다. 마귀는 약한 쪽을 집중적으로 공격합니다.

〈전도서〉에 다음과 같은 신비한 구절이 있습니다.

두 사람이 한 사람보다 나음은 그들이 수고함으로 좋은 상을 얻을 것임이라 혹시 그들이 넘어지면 하나가 그 동무를 붙들어 일으키려니와 홀로 있어 넘어지고 붙들어 일으킬 자가 없는 자에게는 화가 있으리라 또 두 사람이 함께 누우면 따뜻하거니와 한 사람이면 어찌 따뜻하랴 한 사람이면 패하겠거니와 두 사람이면 맞설 수 있나니 세 겹 줄은 쉽게 끊어지지 아니하느니라(전 4:9~12).

그래서 둘이 사는 것입니다. 둘이 있으면 이길 수 있습니다.

혼자 있으니까 지는 것입니다. 옛날이나 지금이나 마귀는 분리하고 나누어서, 약한 쪽부터 공격합니다.

그런데 궁금한 것이 또 생겼습니다. 왜 하와는 그런 사실을 아담에게 이야기하지 않았으며, 아담 또한 하와에게 무슨 일이 있었는지 묻지 않았을까요? 상식적으로, 하나님께서 선악과 먹는 것을 금하셨음을 잘 아는 하와가 뱀의 말을 듣자마자 선악과를 먹지는 않았을 것입니다. 선악과 주위를 맴돌며 며칠씩 고민하다가 결국 먹게 되었을 것입니다. 그런데 왜 아담과 하와는 그 사실을 공유하지 않았을까요? 자세한 이유는 알 수 없지만, 분명한 것은 그들 부부간에 커뮤니케이션이 되지 않았다는 사실입니다.

가족 간에 커뮤니케이션이 되지 않으면 위험합니다. 가정에서의 소통은 매우 중요합니다. 소통이 가정을 지키고, 가족 간에 생길 수 있는 문제를 이겨나가는 길이 되기 때문입니다.

이때 커뮤니케이션이라고 하는 것은, 의사 전달만이 아니라 감정 전달을 포함합니다. 아픔을 나누고 문제를 함께 해결해갈 수 있는 대화가 가능해야 가정이 살 수 있습니다.

결국 아담과 하와는 어떻게 됩니까? 다음과 같은 형벌을 각각 받고 에덴에서 쫓겨나게 됩니다.

또 여자에게 이르시되 내가 네게 임신하는 고통을 크게 더하
리니 네가 수고하고 자식을 낳을 것이며 너는 남편을 원하고
남편은 너를 다스릴 것이니라 하시고(창 3:16).

아담에게 이르시되 네가 네 아내의 말을 듣고 내가 네게 먹지
말라 한 나무의 열매를 먹었은즉 땅은 너로 말미암아 저주를
받고 너는 네 평생에 수고하여야 그 소산을 먹으리라 땅이 네
게 가시덤불과 엉겅퀴를 낼 것이라 네가 먹을 것은 밭의 채소
인즉 네가 흙으로 돌아갈 때까지 얼굴에 땀을 흘려야 먹을 것
을 먹으리니 네가 그것에서 취함을 입었음이라 너는 흙이니
흙으로 돌아갈 것이니라 하시니라(창 3:17~19).

불순종의 결과로 이런 저주와 형벌과 사망이 인간에게 찾
아왔습니다. 좋은 시절은 다 가버렸습니다. 하지만 창세기 4장
1~2절을 보면 다음과 같은 말씀이 나옵니다.

아담이 그의 아내 하와와 동침하매 하와가 임신하여 가인을
낳고 이르되 내가 여호와로 말미암아 득남하였다 하니라 그
가 또 가인의 아우 아벨을 낳았는데 아벨은 양 치는 자였고 가

비록, 선악과를 따 먹고 에덴동산에서 쫓겨나고 수고하여야 먹고살 수 있게 되었지만 위로가 되는 것이 있었으니, 바로 자식을 얻는 기쁨이었습니다. 출산의 고통을 잊을 만큼의 기쁨이었습니다. 모든 슬픔을 다 잊어버리는 듯했습니다. 모든 문제가 회복되는 듯했습니다. 그런데 또다시 문제가 일어났습니다.

큰아들 가인이 시험에 들어버린 것입니다. 가인은 자신이 무엇을 잘못했는지 몰랐습니다. 하나님을 향한 사랑이 없었고, 참된 제사가 무엇인지 몰랐지만 그것이 잘못임을 몰랐습니다. 그러고는 하나님이 동생 아벨의 제사만 받아주시자, 자신의 잘못은 생각하지 못하고 동생을 시기하며 미워하다 죽이고 맙니다. 바로 이것이 마귀의 역사입니다.

가정의 회복

아담과 하와의 불순종의 대가는 실로 엄청났습니다. 선악과에 열린 많은 열매 중에 겨우 하나 먹은 것이 형벌을 받고 에덴동산에서 쫓겨날 만큼 그렇게 큰 잘못이었겠습니까? 의아하게 여기는 사람도 있을 것입니다. 그런데 결론은 그렇다는 것입니다. 이것이 죄의 힘이요, 죄의 파괴력입니다.

그렇다면 지금 이 시대의 선악과에는 무엇이 있겠습니까? 가장 대표적인 것이 바로 간음입니다. 많은 선악과 열매 중에 겨우 하나 먹었을 뿐인데도 에덴의 행복이 파괴되었듯, 오늘날의 수많은 가정도 처음에는 대수롭지 않게 시작되었을 배우자의 외도 때문에 깨져가고 있습니다.

우리가 마귀에게 지면 그것으로 끝나는 게 아니라 마귀의 종이 되는 것입니다. 국가 간의 전쟁에서 패하면 이긴 나라의 속국이 되어 자주권을 잃어버리는 것처럼, 우리도 마귀에게 지면 자주권을 잃어버리고 마귀의 종이 됩니다. 그래서 마귀가 이끄는 대로 살게 됩니다.

우리도 가인과 같은 모습을 보일 때가 있습니다. 왜 부모 탓을 하고, 형제 탓을 하며, 배우자 탓을 합니까? 그로 인해 가정이 무너지기도 합니다. 이것 또한 마귀에게 지는 것입니다.

그렇다면 에덴의 회복, 가정의 회복은 어떻게 해야 하겠습니까? 진실로 회개하는 것입니다. 자신의 잘못을 뉘우치고 돌아서야 합니다. 마귀의 종 된 모습에서 벗어나 회개하고 예수의 피로 씻음받을 때 우리는 하나님의 자녀가 됩니다. 예수 믿는다는 게 그냥 교회에 나가는 것이 아니라 마귀의 종에서 하나님의 자녀로 신분이 바뀌는 것입니다.

하나님의 자녀가 되었다면, 나 개인으로 인해 가족에게 피해를 입히는 행동을 하지 마십시오. 왜 아빠가 중요하고, 왜 엄마가 중요하며, 왜 자식이 중요합니까? 바로 '가족'의 일원이기 때문입니다.

하나님이 만드신 가정의 중요함을 다시 되새겨서 가정이 회복될 수 있기를 소망합니다. 지금 당장은 조금 불편하더라도 자신을 희생하고, 자신의 잘못을 먼저 깨달아서 용서를 구하며 하나님이 주신 가정을 회복해야 합니다.

당신은 가정의 에덴을 만드는 사람입니까, 가정의 에덴을 파괴하는 사람입니까? 자신보다 가정이 더욱 중요한 것임을 알고, 자신 때문에 가족이 피해를 입고 가정이 깨지지 않도록 기도해야 합니다.

가정을 파괴하는 사람이 아니라 가정을 세우는 사람이 될 수 있도록 간구하십시오. 혹시나 당신이 가정을 파괴했다면 하나

님 앞에서 진정으로 회개하고 가정의 에덴을 회복시킬 수 있는
사람이 되게 해달라고 구하십시오.

회복을 주는 메시지

가족 간에 커뮤니케이션이 되지 않으면 위험합니다. 소통이 가정을 지키고, 가족 간에 생길 수 있는 문제를 이겨나가는 길이 되기 때문입니다. 이때 커뮤니케이션이라고 하는 것은, 의사 전달만이 아니라 감정 전달을 포함합니다. 아픔을 나누고 문제를 함께 해결해갈 수 있는 대화가 가능해야 가정이 살 수 있습니다.

결혼,
하나님이 주신
가장 큰 축복

사람이 그 부모를 떠나서 그 둘이 한 몸이 될지니라 이러한즉 이제 둘이 아니요 한 몸이니
그러므로 하나님이 짝지어주신 것을 사람이 나누지 못할지니라(막 10:7~9).

남녀가 부부관계를 맺는 것을 결혼結婚이라
고 합니다. 이사야 34장 16절을 보며 깨달은 것이 있습니다.

너희는 여호와의 책에서 찾아 읽어보라 이것들 가운데서 빠
진 것이 하나도 없고 제 짝이 없는 것이 없으리니 이는 여호와
의 입이 이를 명령하셨고 그의 영이 이것들을 모으셨음이라.

세상이 온통 남자라면, 혹은 온통 여자라면, 얼마나 삭막하
며 무슨 재미로 살겠습니까? 하나님은 남자와 여자를 만드셔
서 서로 짝을 이루고 의지하며 살게 하셨습니다.

결혼은 하나님이 인간에게 주신 가장 큰 축복입니다. 그런데

하나님은 왜 아담과 하와를 따로따로 만들지 않으시고 아담을 먼저 만드신 후 그의 신체 일부를 취하여 하와를 만들어 결합시키셨을까요? 부부라는 것은 본래 다른 존재였던 둘이 하나로 결합하는 것이 아니라 하나가 둘로 나뉘었다가 다시 하나로 결합되는 것이라는 뜻입니다.

부부가 한 몸을 이루고 살아간다는 것은 보통 훈련이 필요한 일이 아닙니다. 무척 힘든 과정입니다. 걸핏하면 서로 삐치고 다툽니다. 그럴 때마다 '내가 결혼은 왜 했나?' 하고 후회하기도 합니다.

연을 날려본 사람들은 알 것입니다. 연은 실을 풀어주는 대로 계속 날아오릅니다. 이대로 한없이 날면 저 달나라까지도 갈 것 같고, 별나라까지도 갈 것 같아요. 그런데 그것을 연줄이 막고 있습니다. 연은 이렇게 느낄 수 있어요. '저 줄만 누가 끊어주면 이대로 날아올라 별나라까지 갈 텐데….' 하지만 연줄을 끊어버리면 연은 빙글빙글 돌다가 결국 땅으로 곤두박질 치고 맙니다.

구속은 또 다른 자유이며, 묶여 있는 것은 또 다른 균형입니다. 하지만 사람들은 그것을 모르고 삽니다. 그저 불편하다는 것만 생각합니다.

하나님의 속성을 바로 알아야 합니다. 하나님은 사람이 혼자 있는 것을 별로 좋게 생각하지 않으십니다. 그래서 모든 것을 짝을 지어 만드셨습니다. 짐승도 짝이 있고, 나무도 짝이 있고, 말할 것도 없이 사람도 짝이 있습니다. 이렇게 짝지어 사는 것을 하나님이 아름답게 보신다는 것입니다.

혼자 살 생각은 하지 않는 것이 좋습니다. 사도 바울도 다음과 같이 말했습니다.

나는 모든 사람이 나와 같기를 원하노라 그러나 각각 하나님께 받은 자기의 은사가 있으니 이 사람은 이러하고 저 사람은 저러하니라 내가 결혼하지 아니한 자들과 과부들에게 이르노니 나와 같이 그냥 지내는 것이 좋으니라 만일 절제할 수 없거든 결혼하라 정욕이 불같이 타는 것보다 결혼하는 것이 나으니라(고전 7:7~9).

남녀가 서로 사랑을 나누는 것은 자연적인 순리입니다. 물론 사도 바울처럼 특별한 사명을 지고 혼자 살아야 할 사람도 있습니다. 하지만 보편적으로 남녀가 서로를 향한 정욕을 절제하는 것은 힘든 일입니다. 그렇다면 사도 바울의 말처럼, 결혼하는 것이 낫습니다.

제가 인생을 살아가면서 깨달은 것 중 하나가 무엇이든 억지로 하지 말고 물 흐르듯 순리대로 하자는 것입니다. 그리고 무엇이든 할 때 제대로 하자는 것입니다. 그러니까 공부할 때 공부하십시오. 공부해야 할 때는 실컷 놀다가 뒤늦게 공부하는 것이 얼마나 어려운 일인 줄 아십니까?

결혼도 마찬가지입니다. 남들 다 결혼할 때 축의금만 들고 쫓아다니다가 혼자 남으면 어떻게 할 겁니까? 여차여차 재고 미루다가 늦게 결혼하면 아기도 늦게 낳고, 다른 친구들은 자녀들 다 대학 졸업시키고 출가시켰을 때 그제야 학비 대느라고 여생을 즐기지도 못합니다. 무엇이든 때를 놓치면 반드시 후회가 생기게 마련입니다.

"아이고, 뭐라도 있어야 결혼하죠!" 고생도 둘이 하면 의지도 되고 한결 수월한 법입니다. 요즘에는 독신주의자도 늘고 결혼 연령대도 점점 늦춰지는 분위기입니다. 하지만 성경은 말합니다. "사람이 혼자 사는 것이 좋지 아니하니"(창 2:18). 남녀가 만나 짝을 이루고 가정을 이루어 사는 것이 하나님 보시기에 좋았다는 것을 기억하십시오.

부부는 어떻게 한 몸이 되는가

이러므로 남자가 부모를 떠나 그의 아내와 합하여 둘이 한 몸
을 이룰지로다(창 2:24).

하나님은 왜 남녀가 한 몸을 이루게 하셨을까요? 그렇게 해
야 생육하고 번성하며 살 수 있기 때문입니다. 남자, 혹은 여자
끼리 살면 "생육하고 번성하라"는 하나님 말씀을 지킬 수 없습
니다. 하나님의 뜻대로 이성異性과 만나 한 몸을 이루어 생육하
고 번성하면서, 자연스럽게 살아야 합니다.

또한 부부가 한 몸을 이루어 살면 외롭지 않게 살아갈 수 있
습니다. 온 자연 만물, 심지어 파리 한 마리, 나비 한 마리에게도
짝을 주신 하나님께서 우리 인간들 또한 외롭지 않게 살도록
짝을 주신 것입니다.

앞에서도 잠깐 언급했듯이, 남자와 여자는 본래 하나였습니
다. 하나님께서 아담의 갈비뼈를 취하여 하와를 만드심으로 인
해, 한 몸이었던 두 사람이 각각의 인간으로 만나 다시 한 몸을
이루게 된 것입니다. 그런 의미에서 남녀의 결합은 원래 모습

으로 돌아가는 것이라고 볼 수 있습니다. 그래서 부부는 붙어 있어야 자연스러운 것입니다.

또한 중요한 것은, 하나님께서 남자 하나와 여자 하나를 만들어 결합하게 하셨다는 것입니다. 만약에 아담이 "저는 여자를 많이 데리고 살면 좋겠어요"라고 말하여 하나님께서 아담의 갈비뼈를 여러 개 떼어 여러 명의 여자를 만드셨다고 생각해보십시오. 그러면 아담의 갈비뼈가 남아 있었겠습니까? 갈비뼈 없이 등뼈만 있으면 사람 몸이 버텨낼 수 있을까요? 여러 장기를 보호하는 갈비뼈가 없으면 몸의 장기들이 제자리에 있지 못하고 옆으로 쏠리지 않겠습니까? 하나님의 솜씨는 이처럼 완벽합니다.

하나님께서 남자 하나에 여자 여럿을 만드신 것이 아니라 남자 하나에 여자 하나를 만드셨다는 것을 기억하십시오. 이는 다음의 말씀처럼 경건한 자손을 얻기 위한 하나님의 뜻이기도 합니다.

그에게는 영이 충만하였으나 오직 하나를 만들지 아니하셨느냐 어찌하여 하나만 만드셨느냐 이는 경건한 자손을 얻고자 하심이라 그러므로 네 심령을 삼가 지켜 어려서 맞이한 아내

그렇다면 한 몸 되는 길은 어떤 길일까요? 첫째, 부모를 떠나야 합니다. 부모를 떠난다는 것은 곧 독립, 홀로서기를 의미하는 것입니다. 결혼은 부모로부터의 정신적 독립이요, 재정적 독립이요, 사랑의 독립이요, 모든 생활의 독립입니다. 자식이 부모의 품을 떠나면 외롭고, 섭섭하고, 마음이 아플 수도 있습니다. 그래도 독립해야 합니다.

남자들은 장가가고 나면 "어머니, 와서 밥해주세요", "어머니가 만들 때는 이 맛이 아니었는데…" 같은 말은 하지 말고 아내에게 맞춰 사십시오. 자신의 어머니를 기준으로 아내를 바라보면 안 됩니다. 결혼 후에는 익숙한 어머니의 입맛에서도 떠나야 합니다. 또한 일단 결혼하면 부모님께 손 벌리지 말고 부부 둘이 벌어서 살아야 합니다.

부모들도 자녀가 결혼하면 마음에서 끊어줘야 합니다. 결혼은 자녀를 보내주는 것입니다. 결혼한 자녀 집에 왜 그렇게 자주 찾아가서 참견하십니까? 저도 자녀를 낳아 키워봐서 알지만, 어쩔 수 없이 자녀에게 신경이 쓰이고 걱정되는 것이 부모 마음입니다. 저는 어렸을 때 우리 어머니 따라 신앙생활을 열심히 해서 금식도 하고 철야도 했었는데 우리 아이들도 금식과 철야를 곧잘 합니다. 그런데 딸이 금식하는 것을 가만히 보니 마음이 아파서 차라리 내가 대신 해줬으면 좋겠다는 생각까지 들었습니다. 그런 딸을 시집보내고 나니 결혼식에서 주례를 할 때마다 딸 생각이 납니다. 눈물이 고일 때도 있습니다. 하지만 그렇다 하더라도 마음에서부터 독립시켜줘야 합니다. 세상의 어떠한 자녀도 한없이 부모의 품 안에서 부모의 도움만 받으며 살 수는 없기 때문입니다.

둘째, 부부가 한 몸이 되려면 배우자에게 합해야 합니다. 보통 결혼식에서 "신랑 입장!" 하면 남자 혼자 개선장군처럼 걸어 나옵니다. 그다음에 "신부 입장!" 하면 신부가 아버지 손에 붙들려서 걸어나옵니다. 그러면 중간쯤에서 신랑이 신부의 아버지 대신 신부의 손을 잡고, 함께 주례 앞에 섭니다. 그리고 나갈 때는 둘이 함께 걸어 나갑니다. 즉, 그것은 남자와 여자가 따로 자라 결혼식을 통해 한 몸 되어 살아가는 것을 보여주는 것입니다.

그런데 배우자와 합하여 한 몸을 이루는 것은, 앞에서 말한 결혼 예식의 절차처럼 간단한 것이 아닙니다. 그동안 결혼식 주례를 수백 번 정도 하고, 결혼에 대한 설교를 그렇게 많이 했는데도 '한 몸을 이룬다'는 말의 의미를 제대로 몰랐습니다.

한 몸이 된다는 것은 함께 즐거워하고 함께 괴로워하는 것입니다. 아내가 아파서 신음소리를 내는데 남편이 옆에서 코 골고 자면 한 몸이 아닙니다. 남편이 속앓이를 하며 괴로워하는데 아내가 혼자 놀러 다니면 한 몸이 아닌 것입니다. 한 몸은 같이 느끼는 것입니다. "그대의 기쁨이 내 기쁨이요, 그대의 아픔이 내 아픔이요, 그대의 슬픔이 내 슬픔이라" 하는 것이 한 몸입니다.

요즘 조건 따지면서 결혼하는 사람들이 많은데, 조건 좋은 사람을 만나는 것보다 진정으로 한 몸이 될 수 있는 사람을 만나는 것이 결혼 잘하는 것입니다.

그렇게 한 몸이 될 수 있는 길은 딱 한 가지밖에 없습니다. 나무와 나무는 아교로 붙이지만 사람과 사람은 사랑으로 붙입니다. 한 몸을 이룰 수 있게 하는 유일한 매개체는 사랑입니다. 사랑하면 감정이 전이됩니다. 그래서 상대의 기쁨, 슬픔, 즐거움, 아픔, 외로움도 읽을 수 있게 됩니다.

조금 오래된 통계에 따르면 인간의 평균 수명이 남자는 68세, 여자는 78세입니다. 여자가 10년 정도 더 삽니다. 그런데 그 통계에 따르면 남자는 배우자가 있는 경우에는 평균 수명이

74.8세이고, 평생 독신으로 살 경우에는 65.2세, 이혼한 경우에는 64.4세, 사별한 경우에는 54세였습니다. 사별한 사람이 평균보다 오래 살지 못한다는 이야기는 사랑이 충격으로 손상을 입으면 수명에도 영향을 미친다는 것입니다.

여자의 경우 배우자가 있으면 79세, 이혼하면 71세, 독신으로 살면 70세, 사별하면 64세까지 산다는 결과가 나왔습니다. 남자와 마찬가지로 배우자가 있어야 오래 사는 것입니다. 이러한 통계를 통해, 서로 사랑하고 의지하는 사람이 있으면 더 오래 산다는 것을 알 수 있습니다.

성공적 결혼과 실패한 결혼

성경을 살펴보면 아브라함과 사라, 이삭과 리브가, 야곱과 라헬, 룻과 보아스, 요셉과 마리아처럼 성공적인 결혼생활을 보여준 사람들도 있고 롯, 에서, 유다처럼 잘못된 결혼생활을 보여준 사람들도 있습니다.

그러면 성공한 결혼과 실패한 결혼의 차이점이 무엇일까요? 첫째, 결혼을 너무 즉흥적으로 한 사람들은 실패한 결혼생활을 하게 됩니다. 신중하게 생각해보고 기도하며 기다리지 않고, 외모나 조건 등을 보고 단시간에 결혼을 결정하는 것은 옳지 않습니다. 결혼은 아무리 급해도 서두르면 안 됩니다. 이 사람이 하나님께서 예비하신 나의 배우자인지 기도하며 결혼을 준비해야 합니다.

둘째, 결혼에 대해 너무 모르고 환상만 품은 채 결혼하는 사람들이 결혼생활에 실패하게 됩니다. 결혼은 그저 남녀가 만나서 살기만 하는 것이 아닙니다. 결혼은 어쩌면 직업 선택보다 더 중요하다고 할 수 있습니다. 직업에는 은퇴가 있지만 결혼에 은퇴가 있습니까? 직업에는 정년이 있지만 결혼에는 정년이 없습니다. 따라서 어떻게 보면 직업 선택보다 배우자 선택에 더 신경 써야 합니다.

셋째, 대개 믿지 않는 사람들과 육신적 정욕에 빠져서 하는 결혼이 실패합니다.

너희는 믿지 않는 자와 멍에를 함께 메지 말라 의와 불법이 어찌 함께 하며 빛과 어둠이 어찌 사귀며 그리스도와 벨리알이 어찌 조화되며 믿는 자와 믿지 않는 자가 어찌 상관하며 하나님의 성전과 우상이 어찌 일치가 되리요(고후 6:14).

무슨 말입니까? 부부가 잘 살든 못 살든 살아가는 방향이 같아야지 한 사람은 천국을 향해 가려고 하고, 한 사람은 지옥을 향해 가려고 하면 안 된다는 것입니다.

예배 한 번 갈 때도 남편이 "여보, 교회 갑시다!" 하면 아내가 "그래요, 갑시다!"라고 해야지, "이렇게 날씨가 좋은데 교회는 뭐하러 가요? 등산이나 갑시다!"라고 하면 되겠습니까? 그러면 만약 배우자가 하나님을 믿지 않으면 어떻게 해야 합니까? 전도해야 합니다. 이삭의 결혼과 에서의 결혼을 비교해보면 그 이유를 알 수 있습니다.

에서가 사십 세에 헷 족속 브에리의 딸 유딧과 헷 족속 엘론의 딸 바스맛을 아내로 맞이하였더니 그들이 이삭과 리브가의 마음에 근심이 되었더라(창 26:34~35).

리브가가 이삭에게 이르되 내가 헷 사람의 딸들로 말미암아 내 삶이 싫어졌거늘(창 27:46).

리브가가 며느리 때문에 못 살겠다고 말합니다. 아들이 이방 여인과 결혼하니 가치관이 다르고 삶의 방향이 달라서 못 살겠다는 것입니다. 이렇게 잘못된 결혼을 했으니 어떻게 축복이 있겠습니까?

결혼은 어떻게 준비해야 하는가

그러면 어떻게 해야 결혼을 잘할 수 있을까요? 믿음의 조상 아브라함이 아들 이삭을 결혼시키는 모습을 통해, 우리는 이상적인 결혼을 위해서 어떻게 준비해야 하는지를 알 수 있습니다.

첫째, 결혼은 기도하고 응답을 받은 후, 하나님의 인도하심을 따라 해야 합니다. 아브라함의 종이 아브라함의 명을 받아 이삭의 아내가 될 사람을 찾으러 가면서 다음과 같이 기도합니다. "우리 주인 아브라함의 하나님 여호와여 원하건대 오늘 나에게 순조롭게 만나게 하사 내 주인 아브라함에게 은혜를 베푸시옵소서"(창 24:12). 이삭도 기도합니다. "이삭이 저물 때에 들에 나가 묵상하다가"(창 24:63).

아버지도 기도하고, 종도 기도하고, 아들도 기도하니, 어떻게 좋은 여인을 만나지 않겠습니까? 하나님이 서주시는 중매처럼 좋은 것이 어디 있겠습니까? 자신의 지혜와 능력으로 배

우자를 찾으려고 하지 말고, 하나님께서 예비하신 짝을 찾으
수 있도록 기도로 간구하십시오.

둘째, 결혼은 '된 사람'과 해야 합니다. 그래서 결혼 전에 상
대방의 인품을 잘 살펴봐야 합니다. 창세기 24장 14절을 보십
시오. 아브라함의 종이 하나님께서 이삭을 위해 예비해놓으신
신부가 누구인지 모르니까, 다음과 같이 기도합니다. "한 소녀
에게 이르기를 청하건대 너는 물동이를 기울여 나로 마시게 하
라 하리니 그의 대답이 마시라 내가 당신의 낙타에게도 마시게
하리라 하면 그는 주께서 주의 종 이삭을 위하여 정하신 자라
이로 말미암아 주께서 내 주인에게 은혜 베푸심을 내가 알겠나
이다."

그런데 마침 리브가가 옵니다. 그래서 아브라함의 종이 "나
에게 물을 좀 주시오"라고 부탁합니다. 그러자 리브가가 "얼마
나 목이 마르세요?" 하며 물을 주더니 "약대도 목마르겠네요.
제가 약대에게도 물을 줄게요" 하는 것입니다. 사람뿐 아니라
짐승이 목마른 것까지 헤아릴 줄 아니 얼마나 사려 깊은 여인
인지 알 수 있습니다.

셋째, 결혼에도 투자가 필요합니다. "이에 종이 그 주인의
낙타 중 열 필을 끌고 떠났는데 곧 그의 주인의 모든 좋은 것

을 가지고 떠나"(창 24:10). 하나님이 예비하신 이삭의 신붓감을 찾으러 가면서 아브라함의 종이 좋은 것들을 가지고 갔습니다. 그리고 기도의 응답대로 리브가를 만나자 반 세겔 무게의 금 코걸이 한 개와 열 세겔 무게의 금 손목고리 한 쌍을 리브가에게 줍니다. 또한 리브가의 집으로 찾아가 은금 패물과 의복을 꺼내어 리브가에게 주고, 그의 오라버니와 어머니에게도 보물을 줍니다. 아브라함의 종이 하나님의 응답을 받고 '이 여자다!' 싶으니까 크게 투자한 것입니다. 우리도 '이 사람이다!' 하는 생각이 들면 투자해야 합니다.

넷째, 자신을 지키고 가꿀 줄 알아야 합니다. 창세기 24장 16절을 보십시오. "그 소녀는 보기에 심히 아리땁고 지금까지 남자가 가까이하지 아니한 처녀더라." 얼굴도 예쁘고 행동도 예쁘고 마음도 예쁘니, 기도로 결혼을 준비한 좋은 남자를 만난 것 아니겠습니까? 자신의 욕망을 채워줄 만한 멋진 배우자를 찾으려고만 하지 말고 먼저 자신을 지키고 가꿔야 합니다. 외형적으로나 내면적으로나 아름다운 사람이 될 수 있도록 노력합시다.

올바른 부부관계

그러면 결혼 후 부부는 서로를 어떻게 대하며 살아야 할까요?
에베소서 5장 22~24절을 봅시다.

아내들이여 자기 남편에게 복종하기를 주께 하듯 하라 이는
남편이 아내의 머리 됨이 그리스도께서 교회의 머리 됨과 같
음이니 그가 바로 몸의 구주시니라 그러므로 교회가 그리스
도에게 하듯 아내들도 범사에 자기 남편에게 복종할지니라.

아내들은 자신의 남편을 대할 때 주님께 복종하듯이 해야 합
니다. 그러면 남편들은 자신의 아내에게 어떻게 해야 할까요?

남편들아 아내 사랑하기를 그리스도께서 교회를 사랑하시고
그 교회를 위하여 자신을 주심 같이 하라 이는 곧 물로 씻어
말씀으로 깨끗하게 하사 거룩하게 하시고 자기 앞에 영광스
러운 교회로 세우사 티나 주름 잡힌 것이나 이런 것들이 없이
거룩하고 흠이 없게 하려 하심이라 이와 같이 남편들도 자기

남편들은 그리스도가 교회를 사랑하신 것같이, 죽기까지 아내를 사랑해야 합니다. 아내가 남편을 통해, 교회를 향한 그리스도의 사랑처럼 형용할 수 없는 사랑을 느낄 수 있어야 하는 것입니다. 또한 남편은 자기 아내를 제 몸같이 사랑해야 합니다. 그것은 곧 자기를 사랑하는 것이라고 합니다. 그러므로 아내를 사랑하는 것은 죽을 때까지 끝없이 해야 하는 것입니다.

이것은 부부를 위해 하나님께서 정하신 질서입니다. 남편이 아내의 머리이므로 남편은 무조건 명령하고 아내는 아무 말 없이 그에 따르라는 말이 아닙니다. 머리와 몸의 조화로운 관계 속에서 질서가 이루어져야 한다는 것입니다.

사라와 아브라함을 보십시오. 사라가 아기를 낳지 못하여 아브라함이 사라의 여종을 통해 이스마엘을 낳지 않습니까? 물론 그것은 사라가 먼저 제안한 것이긴 하지만 사라의 마음이 좋았을 리 없습니다. 요즘 같으면 이혼 사유가 될 수도 있는 것입니다. 그럼에도 사라와 아브라함이 잘 지낼 수 있었던 것은, 사라는 아브라함에 대해 경외감을 가지고 주님께 하듯이 복종했고, 아브라함은 자신을 사랑하듯 사라를 사랑했기 때문입니다. 이것이 어떤 어려움도 이기게 하는 비법이 되더라는 말입니다.

제가 주례할 때마다 하는 말입니다. 보통 여자들은 "아우, 내가 생각했던 남자는 이런 남자가 아니었는데…"라고 말합니다. 그러면 백마 탄 왕자를 기다렸습니까? 백마 탄 왕자가 당신을 데려갈까요?

남자들도 마찬가지입니다. "아우, 나 진짜 실망했어. 내가 생각했던 여자는 이런 여자가 아니었다고!" 그러면 자신의 아내가 백설공주 같길 바랐습니까? 백설공주가 왜 당신에게 시집오겠습니까? 백설공주는 백마 탄 왕자와 동화 속에서 살고, 당신은 당신의 배우자와 현실에서 사는 것입니다.

"너 자신을 알라"는 말도 있지 않습니까? 상대방의 단점만 보며 무리한 요구를 하기 전에 자신이 어떤 사람인지 먼저 돌아보십시오. 당신의 배우자는 하나님이 고르고 골라서 주신 사람이라는 것을 믿고 맞춰서 살려고 노력해야 합니다.

부부간의 문제는 언제 생기는가

아무리 기도로 준비하고 결혼한 부부라도, 살다 보면 부부간에 크고 작은 문제들이 생기게 마련입니다. 그러면 어떠한 경우에 그런 문제들이 생길까요?

첫째, 대화가 단절될 때 문제가 생깁니다. 대화라고 하는 것은 그냥 단순한 말을 나누는 것이 아닙니다. "밥 먹었어?" "응" 이런 것은 대화가 아닙니다. 사랑의 교감이 있어야 합니다. 서로에게 한없이 거짓말을 늘어놓는 것은 대화가 아닙니다. 진실한 마음을 나눌 수 있어야 합니다. 사랑이 식으면 말도 없어지고 상대방을 보기도 싫어집니다. 그렇게 대화가 단절되면 비밀이 생겨납니다. 그리고 앞에서 살펴봤듯이, 아담과 하와처럼 부부 사이에 비밀이 생기면 문제가 일어납니다. 대화를 통해 쉽게 해겨할 수 있는 작은 문제들도 혼자서만 끙끙대다 손쓸 수 없이 커지게 됩니다.

남자들이 직장에서 힘들게 일하고 퇴근하면 쉼을 원합니다. 그래서 대부분의 남자가 집에 오면 텔레비전을 켭니다. 운동을 좋아하는 사람은 스포츠, 바둑을 좋아하는 사람은 바둑을 시청

하며 아무 생각 없이 휴식을 취하고 싶어 합니다. 하지만 아내는 남편과 대화하고 싶어 합니다. 그날 하루 있었던 일들이나 자신의 감정에 대해 말하고 싶어 하고 남편이 직장에서 무슨 일이 있었는지 듣고 싶어 합니다.

"여보, 얘기 좀 해요."

"나중에 해! 지금 중요한 경기가 있어."

"지금 좀 얘기하면 안 될까?"

"아, 나중에 하자니까! 지금 골 들어가려고 하는데, 이렇게 중요한 순간에 말이야!"

"당신, 정말 이럴 거예요? 나도 중요하게 할 얘기가 있다고!"

"아, 정말 시끄럽게 하네. 가서 먹을 거나 좀 챙겨와봐!"

어느 가정에서나 쉽게 볼 수 있는 모습입니다. 부부간의 대화가 안 되고 있다는 것입니다.

둘째, 부부는 둘이 한 몸을 이루고 살아야 하는데, 따로 떨어져 있을 때 문제가 생깁니다. 이것은 물리적인 거리뿐만 아니라 정신적인 거리도 포함됩니다.

서로 분방하지 말라 다만 기도할 틈을 얻기 위하여 합의상 얼마 동안은 하되 다시 합하라 이는 너희가 절제 못함으로 말미

무너지는 가정의 공통점이 무엇인지 아십니까? "목사님! 이 사람은요, 자기 고집대로만 해요." 이러면 무너집니다. 부부의 의견이 일치되고 한 마음으로 살아가면 실패하지 않습니다. 지금 배우자와의 마음의 거리가 멀어져 있습니까? 당신이 먼저 다가가십시오. 상대방의 의견과 생각을 이해하고 받아들이려고 노력하면서 마음의 거리를 좁혀가십시오.

셋째, 자기 할 일은 하지 않고 상대방이 할 일만 주문하게 될 때 문제가 생깁니다.

"여보, 당신 교회 다니면 뭐하냐! 목사님이 뭐라고 하셨어? 남편에게 복종하라잖아. 말 좀 들어봐."

"당신이나 성경 좀 똑바로 보고 설교 들은 대로 실천해봐. 남편들아, 아내를 위해서 죽으라잖아."

이렇게 해서는 안 됩니다. 누가 먼저랄 것 없이 서로 자신의 도리를 실천해야 아름다운 부부관계가 형성됩니다. 그러자면 물론 어느 정도의 희생을 감수해야 할 때도 있습니다. 하지만 지금의 고생이 앞으로의 행복한 부부관계를 위한 하나의 씨앗이 된다고 생각하고 배우자를 위해 희생할 줄 알아야 합니다.

넷째, 서로에 대한 이해와 배려가 부족할 때 문제가 생깁니다. 대체로 혼자 곱게 자란 사람들이 결혼생활에 적응하는 데 어려움을 겪는 경우가 많습니다. 형제가 많으면 싸움이 끊일 날이 없습니다. 그런데 그렇게 싸우면서 성격이 다듬어져갑니다. 아픔과 괴로움 속에서 사랑과 희생을 배우면서 성숙되더라는 것입니다.

우리 집은 식구가 많아서 수건 하나 쓰는 것도 전쟁이었습니다. 수건이 많지도 않아서 여러 명이 수건 하나를 같이 쓰다 보니 먼저 쓰는 사람은 뽀송뽀송한 수건을 쓰지만, 네 번째쯤 쓰는 사람은 땀 냄새가 풀풀 나는 수건을 쓰게 됩니다. 양말도 먼저 신는 사람이 임자입니다. '내 양말'이 따로 없습니다. 그래서 늦게 신고 나가면 구멍 난 양말이 걸리기도 합니다. 생각해보니 이렇게 산 것이 보이지 않는 예방주사가 된 것 같습니다.

혼자 사는 사람은 내 것, 네 것, 딱 구분이 되어 있잖아요. 그렇게 살다가 결혼해서 다른 사람과 함께 살다 보면 불편함이 이만저만이 아닙니다. 치약을 끝에서부터 짜서 쓰는지 가운데를 눌러 짜는지, 샤워할 때 변기 뚜껑을 올리고 하는지 내리고 하는지 등의 사소한 문제에서부터 상대방과의 차이가 느껴집니다. 서로 다르게 몇십 년을 살아온 두 사람이 부부가 된다는 것은 쉬운 일이 아닙니다. 적응이 필요합니다.

무조건 "못 살아! 못 살아!" 외칠 것이 아니라 상대방을 이해하고 배려하려는 마음을 가져야 합니다. '틀리다'와 '다르다'는 다른 것입니다. '다른 것'은 틀리냐 맞느냐의 문제가 아닙니다. 남편은 스포츠를 좋아하고 아내는 연속극을 좋아하는 것은 누구 한 사람이 틀린 게 아니고 다른 것입니다. 따라서 "당신은 쓸데없이 연속극을 봐!"라고 말하면 안 됩니다. 나와 배우자의 다른 점을 받아들이고 상대방의 마음을 헤아릴 줄 알아야 합니다. 그러면 부부생활이 훨씬 쉬워질 것입니다.

그리고 부부간에도 '예의'를 갖추십시오. 내가 내 배우자를 무시하는데 누가 내 배우자를 존경하겠습니까? 바보 같고 무능할지라도 집에서 존경받는 사람이 어느 곳에서든 존경받습니다.

다섯째, 죄 문제로 부부 사이에 틈이 생기면 문제가 생깁니다. 에베소서에서 말합니다. "마귀에게 틈을 주지 말라"(엡 4:27). 이 고약한 마귀는 우리의 틈을 노립니다. 죄가 있으면 죄가 붙고, 선이 있으면 선이 붙는 것입니다. 유혹하는 사단도 문제지만 빠져드는 사람이 더 문제입니다.

진리를 좋아하는 사람은 마귀에게 걸려들지 않습니다. 불의를 좋아하니까 걸립니다. 여러분 부부는 지금 행복합니까? 건강한 부부생활을 하고 있습니까, 아니면 냉전 상태입니까? 만약 냉전 중이라면 어떻게 해야 합니까? 회복하는 길은 무엇입니까? 회개하고 은혜받는 길밖에 없습니다. 그리고 서로 용서하는 것입니다.

서로 친절하게 하며 불쌍히 여기며 서로 용서하기를 하나님이 그리스도 안에서 너희를 용서하심과 같이 하라(엡 4:32).

남편은 아내를, 아내는 남편을 불쌍히 여기세요. 열심히 살다가도 힘들 때가 찾아오게 마련입니다. 그러면 잠시 놓고 쉬십시오. 그리고 상대방을 서로 격려해주십시오. 부부 사이에 사랑이 넘쳤던 때로 다시 돌아가시기 바랍니다. 행복을 회복해야 하지 않겠습니까? 주님께서 반드시 도와주실 것입니다. 부부의 행복은 다스리고, 이겨내고, 지켜내야 하는 것입니다.

에덴동산에서나 현재 우리의 삶에서나 마귀는 우리가 행복하게 살게끔 가만히 있지 않는다는 것을 알아야 합니다. 창세기 3장을 보면 이런 말씀이 나옵니다. "뱀은 여호와 하나님이 지으신 들짐승 중에 가장 간교하니라 뱀이 여자에게 물어 이르

되 하나님이 참으로 너희에게 동산 모든 나무의 열매를 먹지
말라 하시더냐"(창 3:1). 하나님께서 "동산 각종 나무의 열매는
네가 임의로 먹되 선악을 알게 하는 나무의 열매는 먹지 말라
네가 먹는 날에는 반드시 죽으리라 하시니라"(창 2:16) 하고 분
명히 말씀하시지 않았습니까? 하나님은 "반드시 죽으리라"고
말씀하셨는데 뱀은 "참으로 먹지 말라 하시더냐?" 하며 여자를
혼란스럽게 합니다. 나쁜 의도를 가진 채 말을 와전시키고 미
혹하게 하여 타락시키는 것이 마귀의 역사입니다.

여자가 뱀에게 말합니다. "동산 나무의 열매를 우리가 먹을
수 있으나 동산 중앙에 있는 나무의 열매는 하나님의 말씀에
너희는 먹지도 말고 만지지도 말라 너희가 죽을까 하노라 하셨
느니라"(창 3:2~3). 하나님께서 언제 "너희가 죽을까 하노라"
하고 말씀하셨습니까? 반드시 죽는다고 하셨죠. 잘못을 저지
르는 사람들에게 나타나는 심리적 현상입니다. '들키지 않을
거야. 이 정도쯤이야 괜찮을 거야.'

뱀이 여자에게 말합니다. "너희가 결코 죽지 아니하리라 너
희가 그것을 먹는 날에는 너희 눈이 밝아져 하나님과 같이 되
어 선악을 알 줄 하나님이 아심이니라"(창 3:4~5). 마귀의 말대
로 선악과를 먹은 후 진짜 눈이 밝아지기는 했습니다. 그런데

하나님처럼 밝아진 것이 아니라 자신의 죄를 발견하게끔 밝아졌지요.

"여자가 그 나무를 본즉 먹음직도 하고 보암직도 하고 지혜롭게 할 만큼 탐스럽기도 한 나무인지라"(창 3:6). 먹음직스러워도 먹으면 안 되고, 보암직해도 보면 안 되고, 아무리 탐스러워도 가져서는 안 됩니다. 하나님이 금하셨기 때문이지요. 하지만 마귀의 유혹에 빠져 죄를 범하고, 하나님 앞에 섰을 때 서로 남 탓을 하는 아담과 하와를 보면서, 그 부부의 문제가 지금도 계속되고 있다는 사실을 깨달았습니다.

범죄하기 이전의 아담과 하와처럼 아름다운 부부관계를 회복하기를 바랍니다. 우리 부부가 아담과 하와처럼 죄 문제로 행복을 잃지는 않았는지 돌아보십시오. 그리고 에덴의 행복을 회복할 수 있는 아름다운 부부가 되게 해달라고 기도하십시오.

한 몸은 나눌 수 없다

예수께서 대답하여 이르시되 사람을 지으신 이가 본래 그들을 남자와 여자로 지으시고 말씀하시기를 그러므로 사람이

한 몸은 절대 나뉠 수가 없는 것입니다. 남녀의 결합은 하나 님의 뜻입니다. 내가 의식을 했든 못했든 하나님이 짝지어주신 것입니다. 따라서 한 몸이 된 부부 사이를 사람이 나누면 안 되 는 것입니다.

사람들이 말하는 이혼 사유에는 성격 차이, 상대방의 부정 행위 등 여러 가지가 있습니다. 하지만 그것은 이혼의 현상일 뿐 이혼의 본질은 아닙니다. 그렇다면 이혼의 본질적인 이유는 무엇일까요? 사랑이 부족하기 때문입니다. 사랑하면 성격 차 이는 문제가 될 수 없습니다. 사랑하면 상대방의 부정조차 용 서할 수 있게 됩니다. 왜냐하면 사랑은 상대방의 잘못까지도 내 잘못으로 여길 수 있기 때문입니다.

있어 모든 비밀과 모든 지식을 알고 또 산을 옮길 만한 모든 믿음이 있을지라도 사랑이 없으면 내가 아무것도 아니요 내가 내게 있는 모든 것으로 구제하고 또 내 몸을 불사르게 내줄지라도 사랑이 없으면 내게 아무 유익이 없느니라 사랑은 오래 참고 사랑은 온유하며 시기하지 아니하며 사랑은 자랑하지 아니하며 교만하지 아니하며 무례히 행하지 아니하며 자기의 유익을 구하지 아니하며 성내지 아니하며 악한 것을 생각하지 아니하며 불의를 기뻐하지 아니하며 진리와 함께 기뻐하고 모든 것을 참으며 모든 것을 믿으며 모든 것을 바라며 모든 것을 견디느니라(고전 13:1~7).

자신의 배우자가 좀 부족하면 어떻습니까? 그렇기에 그 부족함을 채울 내가 필요한 것 아닙니까? 배우자가 눈이 없으면 내가 그의 눈이 되어주면 되고, 배우자가 다리가 없으면 내가 그 다리가 되어주면 되는 것 아닙니까? 사랑하면 그렇게 할 수 있습니다. 그래서 사랑은 위대한 것입니다.

제가 이것을 깨닫는 데 참으로 오래 걸렸습니다. 저는 성공하고 모든 생활이 안정되고 아내에게 잘해줄 수 있으면 아내가 행복해질 것이라고 생각했습니다. 그런데 생활이 아무리 나아

저도 행복해지지 않았어요. 왜 그런 줄 아세요? 행복은 조건에 있는 게 아니라 사랑에 있기 때문에 그렇습니다. 하나님이 짝을 지어주셔서 한 몸이 되었다는 말은 부부가 즐거움도 기쁨도 아픔도 슬픔도 모두 함께해야 한다는 것입니다. 그런데 저는 그렇게 하지 못했다는 것을 어느 날 깨닫게 되었습니다.

돈을 많이 벌어서 준다고 행복해지는 것이 아닙니다. 평범한 것 같지만 따뜻한 눈길, 따뜻한 손길 같은 작은 사랑의 표현들이 배우자를 행복하게 만들어주더란 것입니다.

결혼한 자들에게 내가 명하노니 (명하는 자는 내가 아니요 주시라) 여자는 남편에게서 갈라서지 말고 (만일 갈라섰으면 그대로 지내든지 다시 그 남편과 화합하든지 하라) 남편도 아내를 버리지 말라(고전 7:10~11).

결혼 후 어떠한 어려움과 괴로움이 찾아오더라도 잘 참고 견뎌내십시오. 마태복음 19장 3절을 보면 바리새인들이 예수님을 시험하려고 이렇게 물어봅니다. "사람이 어떤 이유가 있으면 그 아내를 버리는 것이 옳으니이까?" 주님은 그들에게 아주 간단히 답변하십니다. "하나님이 짝지어주신 것을 사람이 나누지 못할지니라”(마 19:6).

　사랑하면 잘못될수록 미워지는 게 아니라 불쌍해지는 것입니다. 상대방을 긍휼히 여기십시오. “하나님, 내가 이 사람 사랑할 수 있게 해주세요. 하나님 우리 부부 서로 평생을 사랑하며 살 수 있게 해주세요”라고 기도하십시오.

하나님이 우리를 사랑하시는 사랑을 우리가 알고 믿었노니 하나님은 사랑이시라 사랑 안에 거하는 자는 하나님 안에 거하고 하나님도 그의 안에 거하시느니라(요일 4:16).

　주님과 배우자, 자녀, 이웃을 사랑한다는 것을 표현하십시오. 그것이 우리가 하나님 안에 있다는 증거가 되는 것입니다.

사랑의 힘

이 세상을 사랑이 받치고 있다는 것을 아십니까? 모든 우주 만물이 사랑으로 받쳐지고 있습니다. 우주도 사랑의 힘으로 유지되고, 사회도 사랑의 힘으로 유지되고, 회사와 교회, 가정, 심지어 내 몸 하나도 사랑의 힘으로 유지되고 있습니다. 그래서 이 사랑의 힘이 무너지면 사람도 무너지는 것입니다. 사랑의 힘이 그렇게 중요합니다.

제 아내가 어느 날 목욕탕에 갔는데 병색이 있는 분이 눈에 띄더랍니다. 아내가 그분을 보면서 먼저 미소를 지었더니 그분도 미소를 짓더랍니다. 그래서 다가가 때를 밀어주면서 전도하려고 하다가 대화가 터졌습니다. 그분은 항암치료 중이었는데, 대화를 하다 보니 아내에게 친정 엄마 같은 마음이 생기더랍니다. 그래서 꼭 딸을 바라보듯이 측은하고 딱한 마음으로 이렇게 말했다고 합니다. “암에 걸린다는 것은 스트레스를 많이 받았든지 누구를 많이 미워했다는 이야기인데, 혹시 누구를 많이 미워하셨나요?” 그랬더니 그분이 시아버지를 그렇게 미워했다고 대답했습니다. 시아버지를 미워하다가 암에 걸렸다는 것입니다. 미움은 건강의 균형을 깹니다. 사랑의 균형이 무너지면 우리 몸도 무너집니다.

성가대는 노래 실력으로 하는 것이 아닙니다. 사랑으로 하는 것입니다. 노래 잘하는 사람들만 골라서 모아놓아도 사랑이 빠지면 성가대는 무너집니다. 교회도 마찬가지입니다. 유능한 사람들만 모였다고 해서 좋은 교회가 되는 것이 아닙니다. 사랑이 있어야 됩니다. 성경에서는 "하나님은 사랑이심이라"(요일 4:8) 하고 말합니다. "하나님은 능력이시다"라고 하지 않았습니다. 하나님은 사랑이시며, 그분의 형상대로 창조된 우리도 서로 사랑해야 합니다. 사랑이 없어질 때 불균형이 생기는 것입니다. 고린도전서 13장에서도 "사랑이 없으면 내가 아무것도 아니요"(고전 13:2)라고 말하지 않습니까?

> 내가 네 행위와 수고와 네 인내를 알고 또 악한 자들을 용납하지 아니한 것과 자칭 사도라 하되 아닌 자들을 시험하여 그의 거짓된 것을 네가 드러낸 것과 또 네가 참고 내 이름을 위하여 견디고 게으르지 아니한 것을 아노라 그러나 너를 책망할 것이 있나니 너의 처음 사랑을 버렸느니라(계 2:2~4).

주님은 열심을 요구하시지 않고, 승패도 묻지 않으십니다. 처음 그대로의 사랑을 요구하십니다. 요한복음 21장에서 베드로가 주님을 모른다고 부인하고 달아났을 때 물으신 질문도 "네가 나를 사랑하느냐?"였습니다. 변함없으신 하나님께서는 우리를 처음 그대로의 사랑으로 바라보십니다.

아담이 하와를 처음 보고 "이는 내 뼈 중의 뼈요 살 중의 살이라"(창 2:23) 하고 표현했는데, 아담의 표현이 이 정도라면 우리를 향한 하나님의 표현은 어떨까요? "너는 내 모든 것이라"고 하시지 않겠습니까? 하나님은 우리로 인하여 기쁨을 이기지 못하신다고 말씀하셨습니다. 그러한 하나님의 마음으로 배우자를 사랑할 수 있기를 바랍니다. 이 세상의 첫 번째 부부인 아담과 하와가 처음 보여준 그 사랑으로 자신의 배우자를 사랑할 수 있기를 바랍니다.

회복을 주는 메시지

한 몸이 된다는 것은 함께 즐거워하고 함께 괴로워하는 것입니다. 그렇게 한 몸이 될 수 있는 길은 딱 한 가지밖에 없습니다. 나무와 나무는 아교로 붙이지만 사람과 사람은 사랑으로 붙입니다. 한 몸을 이룰 수 있게 하는 유일한 매개체는 사랑입니다. 사랑하면 감정이 전이됩니다. 그래서 상대의 기쁨, 슬픔, 즐거움, 아픔, 외로움도 읽을 수 있게 됩니다.

7

부모, 가장 훌륭한 하나님의 거울

너는 네 하나님 여호와께서 명령한 대로 네 부모를 공경하라 그리하면 네 하나님 여호와가 네게 준 땅에서 네 생명이 길고 복을 누리리라(신 5:16).

예로부터 우리나라는 '예의'를 중시하며 동방예의지국임을 자랑스럽게 여겨왔습니다. 고종황제의 밀사였던 헐버트는 "이 세상에서 관습적인 노인 복지가 가장 잘된 나라가 조선이다"라고 말했고, 미국의 공사를 역임한 센드는 "나의 노년을 위해 조선 땅에서 다시 태어나고 싶다"라고 말했습니다. 최초의 선교사인 앨런도 "조선이 바로 노인 천국이다"라고 이야기한 바 있습니다.

부모 공경은 결코 무너져서는 안 될 인간의 가장 기본적이면서 중요한 규범이자 미덕입니다. 하지만 빠르게 변화하는 사회 속에서 이러한 가치마저 상실되어가고 있습니다.

디모데후서 3장 1~2절에 이런 말씀이 나옵니다. "너는 이것을 알라 말세에 고통하는 때가 이르러 사람들이 자기를 사랑하며 돈을 사랑하며 자랑하며 교만하며 비방하며 부모를 거역하며 감사하지 아니하며 거룩하지 아니하며.” 말세에 나타나는 현상 가운데 하나가 부모를 거역한다는 것입니다. 수천 년 전에 기록된 말씀인데도 마치 이 시대를 보고 기록한 듯 정확하게 일치하여 탄복하지 않을 수가 없습니다.

믿음의 사람은 어떤 사람입니까? “무릇 하나님께로부터 난 자마다 세상을 이기느니라 세상을 이기는 승리는 이것이니 우리의 믿음이니라”(요일 5:4). 세상 사람처럼 살지 않고, 세상을 이기며 사는 사람을 믿음의 사람이라고 합니다. 세상 사람은 말세가 되면 자기만 사랑하고 부모를 거역하지만 믿음의 사람은 말세가 되어도 남을 사랑할 줄 알고 부모를 공경할 줄 알아야 한다는 말입니다.

성경은 하나님의 말씀이지만 하나님께서 직접 성경을 쓰신 것은 아닙니다. 그런데 하나님이 친히 쓰신 부분이 있는데 그것이 바로 두 돌판에 새긴 열 가지 계명입니다. 그 십계명 중 첫 번째가 ‘네 부모를 공경하라’는 내용입니다. 그만큼 부모 공경은 하나님께서 중요하게 생각하시는 부분입니다.

성경에서 말하는 효

그러면 성경에서는 부모 공경에 대해 과연 우리에게 무엇을 가르쳐주고 있을까요?

너를 낳은 아비에게 청종하라

'청종'은 '이르는 대로 잘 들어 좇는 것'입니다. 한마디로 아버지께 순종하라는 것입니다. 영어성경에서는 '듣다'라는 단어로 'hear'가 아니라 'listen'을 사용했습니다. 즉, 아버지의 말씀을 건성으로 듣거나 지나가는 소리처럼 듣는 것이 아니라 똑바로, 주의해서 들으라는 말입니다.

나보다 인생을 오래 사신 아버지의 말씀은 보화와 같이 중요합니다. 비록 아버지의 삶은 잘못되고 틀린 점이 있을지라도 아버지의 가르침만큼은 위대하다는 사실을 알아야 합니다. 살아오는 동안 깨달은 지혜가 축적되어 있기 때문입니다. 따라서 아버지의 삶은 따르지 않더라도 아버지의 가르침만큼은 따르십시오. 저는 "경동아, 너는 공부해서 애비처럼 이렇게 살지 마라. 애비보다 편하게 살아라" 하는 아버지의 말씀을 어릴 적부터 귀에 못이 박히도록 들어왔습니다. 우리 아버지는 많이 배우지 못하고 일찍 사업 전선에 뛰어들어서 세 동생과 여섯 자식을 키워냈습니다. 아버지의 소원이라 저는 나름대로 공부를 열심히 하려고 노력했습니다. 돌이켜 생각해보면 아버지의 그런 가르침이 얼마나 감사한지 모릅니다.

그런데 성경을 읽다가 믿음의 사람들은 모두 부모님께 순종한 사람이라는 사실을 깨달았습니다. 그렇다면 그 많은 믿음의 사람 중에서 부모님께 가장 잘 순종한 사람은 누구일까요? 저는 이삭을 뽑고 싶습니다. 대부분의 사람은 하나뿐인 아들을 하나님의 명령대로 제물로 바치려고 한 아브라함의 순종만 훌륭하다고 생각합니다.

하지만 잘 생각해보면 이삭의 순종 또한 훌륭한 것을 알 수 있습니다. 어떻게 그 어린 나이에 자신을 제물로 바치려는 아버지께 순종할 수가 있었을까요? 저는 성경을 묵상하다가 이삭을 보며 큰 충격을 받았습니다. 이삭과 아브라함은 3일을 걸어 모리아 산을 오릅니다. 번제에 쓸 나무는 아브라함이 아니라 이삭이 지고 갔습니다. 사람 하나 번제로 태우려면 나무가 얼마나 필요한지 아십니까? 장작 두세 개로 태울 수 있는 게 아닙니다. 그러니까 이삭이 그 많은 나무를 짊어지고 산으로 올

라갔다는 말입니다. 그렇게 묵묵히 산을 오른 이삭은 아브라함이 결박할 때도 순종합니다. 보통 사람이라면 "아버지, 대체 왜 이러세요?" 하며 발버둥칠 것입니다. 하지만 이삭은 아버지를 100퍼센트 신뢰했습니다. 하나님께 순종하듯 아버지께 순종했습니다. 아버지가 자기를 결박하는 의도를 이삭이 몰랐을까요? 알면서도 말없이 결박당했습니다. 아버지가 장작에 뉘일 때도 도망가려고 하지 않고 가만히 누워 있었습니다.

우리는 하나님께는 순종하려고 애쓰지만 아버지께 순종하는 것은 종종 소홀히 여기는 경향이 있습니다.

하나님께서는 "나의 계명을 지키는 자라야 나를 사랑하는 자니 … 사람이 나를 사랑하면 내 말을 지키리니"(요 14:21, 23)라고 말씀하십니다. 하나님을 사랑한다면 "부모를 공경하라"는 계명도 지켜야 합니다.

단, 순종하라는 말 앞에는 '주 안에서'라는 말이 붙습니다. 부모님께 순종하되 주 안에서 균형 잡힌 순종을 해야 한다는 것입니다.

부모들도 완벽하지 않아서 가끔 자식들에게 불합리한 요구를 하는 경우가 있습니다. 도둑질이라도 해서 돈을 벌어오라는 부모들이 있습니다. 게다가 교회에서 순종하라고 하지 않았나며 순종을 강요합니다. 하지만 그것은 '주 안에서'의 순종이 아니지 않습니까? 마찬가지로 "교회 나가지 마라" 하는 것도 주 안에서의 순종이 아닙니다. 효자들 중에 교회 못 다니는 사람이 있습니다. 부모님께 효도하기 위해 교회에 못 나간다고 합니다. 그러면서 말합니다. "지금은 어렵고요, 부모님 돌아가시고 나면 그때 나가겠습니다." 그런데 그 말이 제가 들을 때는 이렇게 들립니다. "부모님 지옥에 점잖게 보내드리고 나서 저는 천국 가도록 교회 나가겠습니다." 그러면 부모님이 반대하시는데 꼭 교회를 나가야 합니까? 물론입니다. 교회 나가는 정도가 아니라 부모님까지 구원받도록 전도해야 합니다.

늙은 어미를 경히 여기지 마라

"네 늙은 어미를 경히 여기지 말지니라"(잠 23:22). 볼일 보러 갈 때와 볼일 보고 나올 때 다른 사람이 많습니다. 돈을 빌릴 때는 입 속의 혀처럼 달콤하게 얘기하다가 빌려준 돈을 받으러 갈 때는 목에 콘크리트로 깁스를 한 것처럼 뻣뻣한 사람, 아쉬울 때는 무엇이든 다 내줄 것처럼 하다가 자신에게 불리하다고 생각되면 전혀 모르는 사람처럼 대하는 사람이 있습니다.

부모님이 젊고 능력이 있을 때는 꼼짝 못하고 공경하다가 부모님이 나이 들어 힘없고 가진 것이 없어지면 대하는 자세가 달라지는 사람들이 있습니다. 그러나 그것은 하나님이 절대로 기뻐하지 않으시는 일입니다.

언젠가 경상도 지역에 집회를 갔을 때의 일입니다. 할아버지 한 분이 꼭 식사를 대접하고 싶다며 아무리 사양해도 한사코 밥을 사시겠다는 것이었습니다. 그래서 식사를 하러 갔는데 그 때부터 할아버지가 푸념을 늘어놓으셨습니다. 자식이 여러 명 인데 다들 결혼해서 큰 부자는 아니라도 먹고살 만하고 본인에 게도 재산이 좀 있었다고 합니다.

그런데 자꾸 자식들이 왔다 갔다 하면서 "아버지, 정신 흐려 지시기 전에 재산을 정리하면 좋지 않겠습니까? 거처는 걱정 하지 마세요. 제가 모시겠습니다"라고 말하더랍니다. 자식들이 3일이 멀다 하고 찾아와서 하는 얘기를 듣다 보니까 이제 다 늙 어서 재산이 무슨 필요가 있겠나 하는 생각이 들었답니다. 그 래서 총기 있을 때 재산을 나눠주는 것이 좋을 것 같아서 자식 들에게 다 나눠줬답니다. 그러자 자식들이 집에 드나드는 것이 달라졌다고 합니다. 3일 걸러 오던 자식들이 일주일이 지나도 오지 않고 전화만 하더니 연락마저 끊어졌답니다. 늙어서 돈 벌 능력은 없고, 이제 와서 먹고살 걱정을 하려니 삶이 너무 곤

고하고, 자식들에게 배신감을 느껴 못 살겠다는 것입니다.

그리스도인은 세상 사람과 달라야 합니다. 하나님은 항상 가난하고 소외되고 불쌍한 자를 귀하게 보시지 않습니까?

피 한 방울 섞이지 않은 남에게도 사랑을 베풀어야 하는 것이 그리스도인의 사명인데, 늙고 병든 부모를 업신여기고 경히 여겨서야 되겠습니까? 성경에서는 다소 강하게 표현하기도 합니다. "그의 부모를 경홀히 여기는 자는 저주를 받을 것이라 할 것이요 모든 백성은 아멘 할지니라"(신 27:16). 내가 도저히 은혜받을 수 있는 자격이 없음에도 불구하고 하나님께서 큰 은혜를 주신 것처럼 부모님의 행동이 전혀 내 마음에 들지 않을지라도 경멸히 여기지 말고 극진히 모셔야 합니다.

부모를 즐겁게 하라

효는 부모님을 즐겁게 하는 것입니다.

> 의인의 아비는 크게 즐거울 것이요 지혜로운 자식을 낳은 자
> 는 그로 말미암아 즐거울 것이니라 네 부모를 즐겁게 하며 너
> 를 낳은 어미를 기쁘게 하라 내 아들아 네 마음을 내게 주며
> 네 눈으로 내 길을 즐거워할지어다(잠 23:24~26).

즉, 부모님이 무엇을 즐거워하는지, 부모님의 관심이 무엇인
지를 알아서 기쁘게 해드리라는 것입니다.

그렇다면 어떻게 해야 부모님을 즐겁게 해드릴 수 있을까
요? 여러 가지 답이 있겠지만 가장 큰 즐거움은 자식이 잘되는
것입니다. 어버이날이라고 자식이 용돈을 보내왔어요. 돈의 많
고 적음을 떠나서 부모는 자식이 부모를 생각하는 그 마음에
감동하고 기뻐합니다. 그런데 알고 보니 아들이 부모에게 용돈
을 보낸 후 끼니를 해결할 돈이 없어서 굶고 있다면 부모의 마
음이 즐거울까요? 내가 잘되는 것이 바로 효도입니다.

내 고통보다 자식의 고통이 더 큰 고통으로 와 닿고 자식의
즐거움이 내 즐거움보다 더 크게 와 닿는 것이 자식을 사랑하

는 부모의 마음입니다. 자신의 인생이라고 아무렇게나 살려고 하지 말고, 내가 잘되는 것이 나도 기쁜 일이고 부모님도 기쁘게 해드릴 수 있는 일임을 기억합시다.

그렇다면 나만 잘되고 나만 잘사는 것이 효를 실천하는 것일까요? 그것은 부분적인 효일 뿐입니다. 그러면 어떻게 해야 할까요? 부모의 은혜를 평생 잊지 않고 잘해드려야 합니다.

조심스러운 표현이긴 합니다만 저는 '어머니는 육신을 쓰고 오신 이 땅의 예수님이다. 내 삶에 하나님의 사랑을 가르쳐주기 위해 변장하고 나타나신 예수님이 바로 어머니다'라고 생각합니다. 세상 사람들도 효는 사람의 백 가지 행실의 기본이라고 말합니다. "자녀들아 주 안에서 너희 부모에게 순종하라 이것이 옳으니라"(엡 6:1) 하는 말씀을 가슴에 새기십시오.

왜 부모를 공경해야 할까?

부모 역시 자녀와 똑같은 인간입니다. 그렇기에 부모라고 해서 모두 성자일 수는 없습니다. 허물도 많고 결점도 많을 수 있습니다. 그래서 자녀에게 여러 가지 압박이나 상처를 줄 수도 있

습니다. 그럼에도 불구하고 하나님께서는 부모님을 공경하라
고 명령하십니다. 그 이유가 무엇일까요?

부모, 하나님의 대리인

《탈무드》를 보면 하나님께서 이렇게 말씀하십니다.

나 대신 부모를 이 땅에 보내었노라. 나는 등이 없으므로 어머
니의 등으로 아이들을 업었노라. 나는 가슴이 없으므로 어머
니의 가슴으로 아이들을 품에 안았노라. 나에게는 생명의 젖
줄이 없기에 어머니를 보내서 생명의 젖줄로 아이들을 길렀
노라. 내가 따뜻한 손으로 저들을 보살필 수 없으므로 어머니
를 보내어서 어머니의 손으로 저들을 길렀노라.

부모는 하나님의 대리인이며 하나님과 인간을 잇는 연결 고
리 역할을 합니다. 하나님께서 십계명을 새긴 돌판에 제일 먼
저 "네 부모를 공경하라"는 말씀을 새기신 것은, 부모는 자녀에
게 하나님의 소원을 전하는 자이며 이로 인해 자손들이 하나님
을 잘 섬기게 하려는 의도가 있으셨기 때문이라고 볼 수 있습
니다. 그래서 부모를 공경하지 않으면 하나님과의 관계도 단절

되고 하나님과 인간은 결별, 분리되는 상태가 되고 맙니다.

또한 부모는 이 땅에서 과거와 미래를 잇는 연결고리이기도 합니다.

유대인들은 역사를 아주 중요하게 생각합니다. 과거 없는 현재나, 현재 없는 미래는 있을 수가 없습니다. 부모 세대는 과거로부터 내려오는 하나님 중심 사상을 후세대에게 전할 책임이 있고, 자녀 세대는 부모 세대로부터 과거의 사상을 전수받을 책임과 의무가 있다는 것입니다. 따라서 부모는 선조와 후손 사이에서 역사와 율법을 잇는 연결고리 역할을 합니다. 만약 하나님과 인간, 과거와 미래를 연결할 수 있는 연결고리가 없다면, 여호와 하나님의 말씀은 결국 후손에게 전해지지 않고 사라질 수밖에 없을 것이고, 하나님 중심의 삶을 잃어버리게 될 것이며, 후손들의 미래가 불행해질 것입니다.

부모는 가장 훌륭한 하나님의 거울이라는 말이 있습니다. 부모님에 의해서 우리는 부분적으로, 아니 많은 부분에 있어서 하나님의 하나님 되심을 경험할 수가 있습니다. 하나님과 인간의 다리이자, 과거와 미래를 잇는 시간의 중매자이며, 하나님의 대리자로 이 땅에 보내진 부모님을 공경하십시오.

부모, 내 생명의 통로

우리가 부모님을 공경해야 하는 또 다른 이유는 무엇입니까? 우리의 생명이 부모님을 통해서 왔고 그분들에 의해서 양육되었기 때문입니다. 부모는 우리가 선택한 것이 아닙니다. 하나님께서 선택하신 것입니다. 나의 부모가 아니었다면 지금의 모습과 같은 나는 절대 존재할 수 없을 것입니다.

"나는 도대체 왜 이 세상에 태어났을까? 태어나지 않았으면 좋았을 것을…" 하고 푸념하는 사람도 있습니다. 그러나 그 말이 얼마나 허무맹랑한 거짓말인지 쉽게 알 수 있습니다. 그 사람이 있는 곳에 지진이 나서 건물이 흔들리고 곧 무너진다고 한번 가정을 해봅시다.

그러면 과연 세상에 태어나지 않으면 좋았을 것이라고 말했던 사람이 "드디어 죽게 되었구나. 할렐루야! 이제 죽음을 맞이하겠구나!" 하고 기뻐하겠습니까? 아니죠. 허겁지겁 피하고 야단법석을 떨 것입니다. 이것은 모두 자신의 생명을 소중하게 여긴다는 사실을 보여주는 것입니다. 이처럼 생명은 아름다운 것이며 살아 있다는 것은 정말 귀한 것입니다. 생명보다 더 귀한 보배는 이 세상에 존재하지 않습니다.

이러한 생명의 가치를 안다면 우리에게 생명의 통로가 되어준 부모님을 귀하게 여겨야 하지 않을까요? 부모님은 온갖 정성과 애착을 가지고 때로는 희생을 무릅쓰면서 우리를 키워왔습니다. 해산의 고통을 기쁨으로 삼고 일용할 양식을 공급해주고 외부의 위험으로부터 보호해주며, 옳은 길을 갈 수 있도록 인도해주고 여호와 하나님의 말씀을 가르쳐 우리를 하나님의 자녀로 양육했습니다. 오늘날 우리가 이곳에 있기까지 부모님들은 참으로 많은 시간과 정성과 물질을 쏟아서 우리를 키워주셨습니다.

부모 공경은 미래의 자신을 공경하는 것

우리가 왜 부모님을 공경해야 합니까? 뿌린 대로 거두기 때문입니다. 뿌리는 대로 거두는 것은 하나님의 법칙입니다. 부모 공경을 심으면 우리도 훗날 자식으로부터 공경을 받게 되고, 부모님께 불효하면 우리의 자식도 우리에게 불효하게 된다는 말입니다. 당신은 부모님을 공경하십니까, 공격하십니까? 공경은 공경을 수반하지만 공격은 또 다른 공격을 일으킵니다.

자식은 부모가 행한 대로 배우며 자라게 마련입니다. 부모님에 대한 최소한의 예의를 갖추지 않고 자기 자식만 애지중지하는 사람들이 있습니다. 그것은 곧 자식에게 불효를 가르치고 있는 것과 다를 바가 없습니다.

부모님을 공경하는 것은 미래의 자신을 공경하는 것과 같습니다. 부모 공경은 인생의 부메랑과 같아서, 당신이 부모를 공경하고 정성을 다해 모시면 반드시 훗날 당신의 자녀도 당신을 공경할 것입니다.

하나님을 공경하는 것보다 부모님을 공경하는 것이 더 힘들다고 말하는 사람들이 있습니다. 하나님을 향한 공경의 방법에는 소산의 십일조와 땅에서 나는 만물의 첫 곡식을 드리는 것이 있습니다. 그러나 부모님은 소산이 있을 때뿐 아니라 소득이 없는 경우, 구걸을 해서라도 공경해야 되기 때문에 하나님 공경보다 부모 공경이 더 어렵다고 합니다.

하지만 아무리 어렵다고 해도 부모 공경을 포기해서는 안 됩니다. 온갖 희생을 치르면서 지극 정성으로 우리를 키운 부모님을 생각해보십시오. 물론 모든 부모가 존경받을 만큼 훌륭하지는 않을 것입니다. 하지만 존경받을 일을 했기 때문에 부모님을 존경해야 하는 것이 아닙니다. 부모가 잘못을 저질렀으면 그 잘못을 고쳐야만 존경하고, 그렇지 않으면 존경하지 않아도 됩니까? 아닙니다. 부모이기 때문에 이유를 불문하고 존경해야 합니다.

자녀들이 흉내 낼 수 없는 인생의 무게

부모님은 우리가 상상도 못할 삶의 무게를 가지고 있습니다. 인생은 살아본 사람만이 그 무게를 느낄 수 있습니다. 젊은이들이 아무리 능력이 뛰어나다고 해도, 이 땅에서 먼저 살아온 부모님들의 인생의 무게는 도저히 흉내 낼 수가 없습니다. 바로 그 무게를 존중하는 것이 부모님을 공경하는 것입니다.

10살 이전에는 아버지가 슈퍼맨 같습니다. 10대에는 '아버지도 모르는 것이 있구나' 하고 생각합니다. 20대에는 '아버지는 아무것도 모른다'라고 생각합니다. 30대에는 '아버지 말씀 중 맞는 것도 가끔씩 있구나' 생각합니다. 40대에는 '아버지 말씀 중 귀담아 들을 이야기도 있다'라고 생각합니다. 50대에는 '이럴 때 아버지는 어떻게 결정하실까?' 하고 생각합니다. 그리고 60대가 되면 '아버지 말씀이 다 맞다' 하고 고백하게 됩니다.

그러나 그때는 부모님이 더 이상 이 땅에 존재하지 않을 수도 있습니다.

우리가 추측만 할 수 있는 일들을 노인들은 다 알고 있습니다. 우리의 교만을 인내로 참아주며 지혜롭고 신중하게 우리를 바른 길로 인도합니다. 오늘을 살아가는 우리의 부모들은 역사의 산 증인이며 온갖 괴로움을 다 겪은 인생의 완숙자들입니다. 그분들의 인생의 무게를 인정하고 공경하십시오.

부모를 공경하면 어떤 축복을 받을까?

그렇다면 부모를 공경하는 자에게 주어지는 하나님의 축복은 무엇일까요?

하나님 공경의 방법을 배운다

부모 공경을 통하여 하나님 공경을 더 잘해나갈 수 있게 됩니다. 하나님은 생명을 창조하시고 번성케 하시고 양육하시는 분입니다. 그리고 그것은 부모라는 동반자를 통하여 성취해가십니다. 눈에 보이지 않는 하나님의 사랑의 속성은 눈에 보이는 부모의 사랑의 속성을 통하여 발견할 수 있습니다. 그리고 자녀들은 눈에 보이는 부모 공경을 통해 눈에 보이지 않는 하나님을 공경하는 방법을 터득해갈 수 있습니다.

마가복음 7장 11절을 보면 예수님이 바리새인들을 책망하는 장면이 나옵니다. 그 이유는 고르반, 즉 하나님 앞에 드리는 예물 때문이었는데 바리새인들이 주님 앞에 나와 이렇게 말합니다. "하나님께 고르반을 드렸습니다. 그래서 내가 가진 것이 아무것도 없습니다. 그러하기에 우리 육신의 부모를 섬길 수가 없습니다."

그럴 때 주님이 "그래, 참 잘했다. 하나님을 섬기느라 육신의 부모를 섬기지 못하는 너희 뜻이 참 갸륵하다"라고 칭찬하셨습니까? 아닙니다. 그들을 향해 외식하는 자들이라고 책망하셨습니다. 보이는 부모를 공경하지 않으면서 보이지 않으시는 하나님을 올바로 공경할 수 있나요? 부모 공경 없는 신앙은 죽은 신앙입니다.

예레미야 35장 5절을 보면 레갑 족속이 등장합니다. 이들은 부모를 공경하고 조상들의 언약을 지키고, 그런 심정으로 하나님을 섬깁니다. 그러자 하나님께서 "레갑의 아들 요나답에게서 내 앞에 설 사람이 영원히 끊어지지 아니하리라"(렘 35:19)

하고 축복하십니다. 하나님이 이들의 삶에 개입하셨고 이들을 형통하게 하셨고 이들과 동행하시며 그들의 아버지가 되셨습니다.

장수의 복과 땅의 복을 받는다

너는 네 하나님 여호와께서 명령한 대로 네 부모를 공경하라 그리하면 네 하나님 여호와가 네게 준 땅에서 네 생명이 길고 복을 누리리라(신 5:16).

부모님을 공경하는 자는 생명이 길고 잘되고 복을 누린다고 합니다. 여기서 말하는 장수의 복은 "자손 대대로 맥이 끊어지지 않게 해주겠다. 계속 이어지는 축복이 있겠다"라는 말입니다. 그리고 부모를 공경하면 땅의 복까지 더불어 받을 것이라고 합니다. 사무엘상 22장 1~4절을 보면 이런 내용이 나옵니다. 사울 왕이 죽이려고 하여 쫓겨 다니던 다윗이 아둘람 굴에 피신해 있었습니다. 그러자 그 소식을 듣고 그의 형제와 아버지가 그의 곁으로 갑니다.

이 세상 누구도 자기의 목숨이 경각에 달려 있어 허겁지겁 도망 다니는 외중에 부모를 모시기는 힘들 것입니다. 그런데 다윗은 어떻게 합니까?

이스라엘 백성은 이방인들을 개 취급하며 상대도 하지 않았습니다. 따라서 이방인 앞에 무릎을 꿇는다는 것은 도저히 상상할 수도 없는 큰 수치라고 여길 것입니다. 그런데도 다윗은 자기 부모를 좀 더 편안하게 모시기 위해서 모압 왕을 찾아가 무릎 꿇고 부모를 부탁합니다. 하나님의 뜻 가운데 온전한 길로 인도받을 그때까지 자신의 부모 좀 잘 보살펴달라고 부탁합니다.

하나님은 이처럼 이새에게 효도를 다했던 다윗을 보고 기뻐하시며 축복하십니다.

부모에게 효도하는 것은 절대 헛된 일이 아닙니다. 시간 낭비도 아닙니다. 부질없는 짓은 더더욱 아닙니다. 부모님을 공경하는 것은 바로 자신의 생명을 존중히 여기는 것이고 삶을 아름답게 가꾸는 일이며 하나님께서 허락하신 복을 받는 길이라는 사실을 믿으십시오.

부모 공경은 사회에 기여하는 일이다

부모를 공경하는 것은 사회 진출의 지름길이 됩니다. 부모를 공경하는 마음으로 살면, 사회가 안정적으로 돌아갈 수 있습니다. 우리가 사는 공동체는 아무리 똑똑해도 이기적이거나 자신만 아는 사람은 필요로 하지 않습니다. 성품이 좋은 사람, 가슴이 따뜻한 사람들이 이 사회에 필요한 사람들입니다.

하나님의 자녀로서 부모를 공경한다는 것은 사람으로서의 기본적인 도리를 안다는 것입니다. 그런 사람들이 윗사람을 공경하고 존중할 줄 알며, 이 사회에 이바지할 수 있습니다. 여호와의 장막에서 길들여진 사람, 하나님 말씀에 순종하고 부모님을 공경하는 사람은 하나님이 분명히 축복하실 것이고 이 사회에서 분명히 우뚝 세워주십니다. 그것은 하나님의 축복의 약속입니다.

집에서 효도하지 못하는 사람이 밖에 나가서 어떻게 올바른 일을 하겠습니까? 집에서 새는 바가지는 나가서도 새는 법입니다. "가화만사성"이란 글귀를 붙여놓는 가정이 많습니다. 이것은 "자효쌍친락 가화만사성子孝雙親樂 家和萬事成"이라는 말을 줄여서 표현한 것으로, 그 뜻은 자식들이 부모에게 효도하니 부모의 마음이 즐겁고, 부모의 마음이 즐거우니 가정이 화목하고, 가정이 화목하니 모든 일이 이루어진다는 것입니다. 가정에 효가 살아 있으면 기쁨과 만족을 느끼게 되고, 그러면 직장에서도 화기애애하게 일할 수 있고, 그러다 보면 사회에서 하는 모든 일이 잘될 수 있다는 것입니다.

"수욕정이풍부지 자욕양이친부대樹欲靜而風不止 子欲養而親不待"라는 말이 있습니다. 나무가 고요하고자 하나 바람이 그치지 아니하고 자식이 효도하고자 하나 어버이는 기다려주지 않는다는 것입니다. 우리가 돈 벌어서 나중에 부모님께 효도하려고 해도 죽음이 우리를 결코 기다려주지 않는다는 사실입니다.

지금 할 수 있는 대로, 최선을 다해서 효도한다면 그것이 바른 효도이고, 주님이 원하시는 효도입니다. 아직도 "돈 벌어서 다음에 하면 되지. 출세해서 하면 되지"라고 생각하십니까? 주님은 우리가 지금 모습 그대로, 현재 있는 자리에서 효도하기를 원하십니다.

사람들이 나이가 들수록 공통적으로 후회하는 것이 바로 부모님 생전에 효도를 다하지 못한 것입니다. '살아 계셨을 때 좀 더 효도할걸, 좀 더 마음 편하게 해드릴걸, 원하시는 대로 해드릴걸' 하며 후회하는 것입니다.

'부모 공경'이라는 단어의 의미가 퇴색해가는 세태 속에서 당신은 "부모를 공경하라"는 하나님의 계명을 따르며 살 수 있겠습니까? 하나님 앞에서 양심에 거리낌이 없는 믿음의 자세로 살아갈 수 있기를 바랍니다.

부모는 자녀에게 어떻게 해야 하는가

남자와 여자를 창조하셨고 그들이 창조되던 날에 하나님이 그들에게 복을 주시고 그들의 이름을 사람이라 일컬으셨더라 (창 5:2).

우리 하나님은 축복의 하나님이시기에 자신이 지으신 만물에게 축복하시기를 기뻐하십니다.

자녀는 하나님의 축복

"하나님이 노아와 그 아들들에게 복을 주시며 그들에게 이르시되 생육하고 번성하여 땅에 충만하라"(창 9:1). 하나님의 복을 받은 우리는 생육하고 번성하여 땅에 충만해야 합니다. 그런데 지금 우리 한국 사회는 자녀를 잘 낳지 않으려는 분위기가 만연하고 있습니다. 그 이유로 여러 가지를 말하겠지만, 결국은 자신만 생각하는 이기주의가 그 이유입니다. 자식보다 자신을 더 사랑하기 때문입니다.

설교나 집회를 준비하려면 자료가 많이 필요합니다. 그런데 우리 아이들은 아버지 것을 쓰고 나서 제자리에 갖다놓으면 좋을 텐데 허락도 받지 않고 쓰고서는 아무 데나 둡니다. 그래서 나중에 쓰려고 하면 찾느라 고생입니다.

자녀를 키우다 보면 이런 사소한 일 외에도 여러 가지로 불편한 점들이 있습니다. 그럼에도 불구하고 자녀를 키우는 것은 불편함만 있는 게 아니라 자녀로 인한 기쁨과 즐거움도 많기 때문입니다. 하지만 가장 중요한 이유는 하나님께서 "생육하고 번성하라, 땅을 정복하라, 땅을 다스려라" 하고 말씀하셨기 때문입니다. 그 창조의 원리를 기억하십시오.

자녀를 노엽게 하지 마라

성경에서는 부모들에게 다음과 같이 말합니다. "또 아비들아 너희 자녀를 노엽게 하지 말고 오직 주의 교훈과 훈계로 양육하라"(엡 6:4). 골로새서 3장에서는 자녀들이 낙심할 수도 있으니 노엽게 하지 말라고 합니다.

자녀는 부모의 종속물이 아닙니다. 그런데 부모들이 자꾸 착각을 합니다. 자녀도 하나의 인격체입니다. 자녀의 뜻도 존중해야 합니다. 그런데 자녀의 뜻은 무시한 채 자신의 생각만을 강요하며 자신의 욕심대로 자녀를 키우는 부모들이 많습니다. 가끔 아버지가 자살하면서 자식들 놓고 가면 고생할까 봐 자식들마저 죽이는 사건들을 보게 됩니다. 자기가 낳았다고 자녀를 죽일 권리가 있습니까? 사람의 생사는 하나님만이 주관하시는 것입니다.

자녀는 부모의 한풀이용이 아닙니다. 대개 공부 못한 부모들이 자녀 교육에 목숨 겁니다. 자녀 교육에 힘쓰는 것이 나쁜 것은 아닌데 정도가 지나친 경우가 있습니다. 한번 생각해보세요. 엄마 아빠 모두 공부를 못했고, 아무리 찾아봐도 집안에 공부 잘한 사람이 없는데 억지로 공부시키면 아이가 얼마나 힘들겠습니까? 아이에게도 나름의 꿈이 있고, 아이마다 서로 다른 재능이 있는 것입니다. 그것을 존중하는 교육이 필요합니다.

또한 자녀 사랑에는 균형이 필요합니다. 야곱을 보십시오. 열두 자녀 중에 요셉만 유난히 사랑하다 보니 다른 자녀들이 그것을 받아들일 수 있었겠습니까? 결국 요셉을 시기해서 애굽에 팔아버리지 않습니까? 다행히 요셉을 향한 하나님의 계획과 보호로 그 사건은 전화위복이 되었지만 하마터면 균형 잃은 사랑 탓에 자녀를 잃을 수도 있지 않았습니까? 자녀를 오직 주님의 교훈과 훈계로 양육하라고 했습니다. 자신의 어리석은 지혜에 의지하지 말고 무슨 일이든 하나님께 기도로 구하고, 하나님의 말씀대로 자녀를 양육해야 합니다.

자녀를 축복하라

부모에게는 자식을 향한 축복권이 있습니다. 왜냐하면 부모는 땅에서 하나님을 대신한 축복의 대리자가 되기 때문입니다. 자녀를 축복하는 것과 관련한 성경말씀으로는 에서와 야곱을 향한 이삭의 축복 이야기가 유명합니다. 이삭이 에서에게 이렇게 말합니다.

내가 즐기는 별미를 만들어 내게로 가져와서 먹게 하여 내가 그런데 팥죽 한 그릇에 에서로부터 장자권을 사온 야곱이 아버지를 속여 장자의 축복을 받습니다. 신기한 것은, 그럼에도 불구하고 그 축복이 그대로 임했다는 것입니다.

이삭이 야곱에게 다음과 같이 축복합니다.

그가 가까이 가서 그에게 입맞추니 아버지가 그의 옷의 향취를 맡고 그에게 축복하여 이르되 내 아들의 향취는 여호와께서 복 주신 밭의 향취로다 하나님은 하늘의 이슬과 땅의 기름 짐이며 풍성한 곡식과 포도주를 네게 주시기를 원하노라 만민이 너를 섬기고 열국이 네게 굴복하리니 네가 형제들의 주가 되고 네 어머니의 아들들이 네게 굴복하며 너를 저주하는 자는 저주를 받고 너를 축복하는 자는 복을 받기를 원하노라 (창 27:27~29).

그러면 이제 에서가 받는 축복을 볼까요?

그 아버지 이삭이 그에게 대답하여 이르되 네 주소는 땅의 이삭이 야곱과 에서에게 축복한 것이 그대로 임하는 것을 보면서, 우리는 자녀를 향한 축복의 말이 얼마나 중요한지 알 수 있습니다.

축복의 말은 지금 당장은 별것 아닌 듯 보일 수도 있습니다. 하지만 우리는 성경을 통해, 그러한 축복의 말이 시간이 지나면서 한 가정과 지파와 민족에까지 영향을 미치는 것을 확인할 수 있습니다. 지금부터라도 자녀를 향한 축복권의 중요성을 알고 날마다 자녀를 축복하며 살 수 있기를 바랍니다.

뿐만 아니라 성경을 보면, 부모가 잘하면 그 자손들까지 축복받고, 부모가 잘못하면 그 자손들까지 징계받는 경우를 종종 보게 됩니다. 자신의 행동으로 자녀가 축복을 받거나 징계를 받을 수도 있다는 것을 명심하여 하나님 앞에서 더욱 바른 삶을 살 수 있도록 노력해야겠습니다. 만약 지금 자신의 모습이 잘못되었다면 삶을 바꿔야 합니다. 축복받을 만한 삶으로 변화시켜야 합니다. 자신의 삶이 바뀌고 잘 살아야 자손들에게도 좋은 영향을 미칠 수 있습니다. 당신으로 인해 자손들까지 복 받을 수 있는 사람이 되기를 바랍니다.

회복을 주는 메시지

부모는 가장 훌륭한 하나님의 거울이라는 말이 있습니다. 부모님에 의해서 우리는 부분적으로, 아니 많은 부분에 있어서 하나님의 하나님 되심을 경험할 수가 있습니다. 하나님과 인간의 다리이자, 과거와 미래를 잇는 시간의 중매자이며, 하나님의 대리자로 이 땅에 보내진 부모님을 공경하십시오.

3부

하나님의 마음으로 세우는 사회

우리가
꽃피워야 할
문화

오직 성령의 열매는 사랑과 희락과 화평과 오래 참음과 자비와 양선과 충성과 온유와
절제니 이 같은 것을 금지할 법이 없느니라 그리스도 예수의 사람들은 육체와 함께
그 정욕과 탐심을 십자가에 못 박았느니라(갈 5:22~24).

하나님은 천지를 창조하시고 사람을 만드시고 에덴동산에서 살게 하셨습니다. '에덴'은 기쁨의 동산, 즐거움의 동산, 쾌락의 동산이란 뜻입니다. 즉, 행복동산인 것입니다. 하나님은 인간이 행복하게 살기를 원하십니다.

항상 기뻐하라 쉬지 말고 기도하라 범사에 감사하라 이것이 그리스도 예수 안에서 너희를 향하신 하나님의 뜻이니라(살전 5:16~18).

하나님의 뜻대로 기쁘게 사시기를 바랍니다. 그러면 지금 당신이 있는 그곳이 바로 에덴이 될 것입니다.

하나님의 문화와 사단의 문화

에덴에는 하나님이 만들어놓으신 문화가 있었습니다. 성경을 통해 하나님께서 인간에게 만들어주신 오염되지 않은 문화를 살펴봅시다.

하나님이 만드신 세상은 아름답고 선한 곳이었습니다. 지금의 세상은 에덴동산과 비교할 수는 없겠지만 산과 강, 바다 등 곳곳에 하나님의 아름다운 솜씨가 고스란히 남아 있습니다. 그리고 하나님이 만드신 모든 것은 본래 악한 것이 없었습니다. 사람이나 자연이나 다 선했지요. 즉, 하나님이 우리에게 만들어주신 문화는 의롭고 진실하고 선하며 아름다운 것이었습니다. 그런데 인간의 불순종이 이 아름다운 하나님의 문화를 타락하게 하여 사단의 문화로 변질시켜버립니다.

그렇다면 사단의 문화는 어떨까요? 하나님이 만드신 것과 모든 것이 반대입니다. 추하고 악한 문화이지요. 탐욕과 악의, 시기, 살인, 분쟁, 교만으로 가득한 문화, 부모를 거역하고 무자비하며 하나님을 미워하는 문화가 사단의 문화입니다. "땅이 네게 가시덤불과 엉겅퀴를 낼 것이라"(창 3:18). 사단의 유혹에

빠져 죄를 지은 인간들에게는 보기에 아름답고 먹기에 좋은 과
실 대신 가시덤불과 엉겅퀴가 남았습니다.

세월이 지나면서 하나님의 문화와 사단의 문화는 점점 더 확
연히 구분되고 있습니다. 이 시대를 살아가는 그리스도인들은
자신이 있는 곳의 문화를 에덴의 문화, 하나님의 문화로 회복
시키고 건설해가야 할 책임이 있습니다. 이 사회는 점점 더 편
리해지고 있습니다. 하지만 날이 갈수록 발전하는 외형 문화에
비해 의식 문화는 참으로 형편없습니다. 외형 문화만 가꿀 것
이 아니라, 내면의 문화도 그에 못지않게 성숙시켜야 합니다.

육체의 일은 분명하니 곧 음행과 더러운 것과 호색과 우상 숭
배와 주술과 원수 맺는 것과 분쟁과 시기와 분냄과 당 짓는 것
과 분열함과 이단과 투기와 술 취함과 방탕함과 또 그와 같은
것들이라 전에 너희에게 경계한 것같이 경계하노니 이런 일
을 하는 자들은 하나님의 나라를 유업으로 받지 못할 것이요
(갈 5:19~21).

지금 우리나라에는 음행 문화와 음주 문화가 만연해 있습니
다. 그리고 어디를 가나 크고 작은 분쟁이 끊이지 않고, 자신보

다 조금 나은 사람을 보면 옳고 그름을 떠나서 시기하며, 뜻이 맞는 사람들끼리 뭉쳐서 다른 생각을 가진 사람들을 배척하고 분열을 꾀합니다. 그러면 그리스도인들은 어떤 문화를 만들어 가야 할까요?

하나님의 사람인 우리는 의식을 깨우고 성령으로 행하며 자신이 속해 있는 곳의 문화를 바꿔가야 합니다.

아름다운 정신 문화

발달한 물질 문화에 맞춰 우리의 정신 문화는 어떻게 바뀌어야 할까요? 첫째는 자신의 잘못을 인정하고 미안하다는 말을 할 수 있어야 합니다. 사실, 우리나라 사람들은 미안하다는 말을 잘 못합니다. 부모와 자식 간에도 "얘야, 아빠가 미안하다", "아버지, 죄송해요" 같은 말 한마디만 하면 상황이 한결 부드러워질 텐데 마음으로는 미안해하면서도 겉으로는 오히려 화내며 분위기를 험하게 만드는 경우가 많습니다.

세계 어느 곳이든 사람이 모이는 곳은 붐비게 마련입니다. 그러다 보면 서로가 부딪치는 일도 빈번합니다. 그러면 의식이 있는 사람들은 바로바로 사과를 합니다. 하지만 자기가 와서 부딪치고는 오히려 화를 내거나 본 척도 안 하고 자기 갈 길만 가는 사람도 있습니다.

진심이 담긴 사과의 말을 제때에 할 수만 있다면 인간관계가 지금보다 훨씬 좋아질 것입니다. 부부관계에서도 마찬가지입니다. 집에 좀 늦었으면 아내에게 "여보, 미안해" 하면 될걸 "아이, 남자가 늦을 수도 있지"라고 큰 소리를 쳐서 다투게 될 때도 있지 않습니까? 밥을 하다 태웠으면 "여보, 미안해. 밥을 태워버렸네" 하면 될 것을 "아니, 누구는 처음부터 밥 잘하는 사람 있어?" 하고 성질을 내면 다툼이 일어날 수도 있습니다. 상황이야 어쨌든 자신이 잘못한 것은 우선 진심으로 용서를 구하고 사과하며 살아야겠습니다.

둘째로는, 소통이 필요합니다. 요즘에는 고층 아파트가 많습니다. 그러면 엘리베이터 안에서 한참 올라가는 동안 함께 탄 사람과 인사도 나누고 대화하면서 즐겁게 갈 수도 있을 텐데 이웃을 쳐다보지도 않는 사람이 많습니다. 그러니 이웃에서 무슨 일이 생기든 관심도 없고, 자신과 자기 가족만 생각하며 이기적으로 살게 됩니다. 또한 군중 속에서도 외롭기만 합니다. 담을 쌓고 자신을 자꾸 고독 속에 몰아넣습니다. 대인기피증도 생기고, 다른 사람과 소통하기보다는 방 안에서 컴퓨터 게임만 즐기며 사이버 세계에 빠지는 일이 증가합니다. 인간관계가 원만하지 못하다 보니 극단적인 행동을 취하기도 하여 사회 범죄가 늘어납니다. 이웃과 주변 사람들을 열린 마음으로 대하고, 그들과 자주 소통하는 것이 필요합니다.

셋째로는, 다른 사람을 진심으로 칭찬할 줄 알아야 합니다. 말 한마디가 천 냥 빚을 갚는다고 하는데 우리는 말 한마디에 인색한 경우가 많습니다. 다른 사람의 장점은 칭찬해주고 더욱 잘할 수 있도록 격려해줘야 하는데, 칭찬에는 인색하고 잘못한 사실만 지적하고 떠벌립니다. 시기와 질투로 관계가 소원해지고 자신의 마음이 병들어가는 경우도 많습니다. 타인의 장점을 눈여겨보고 칭찬할 줄 아는 사람이 됩시다.

그리스도인이 만들어야 할 문화

야곱이 변화되어 이스라엘이 된 것은 많은 사람이 알 것입니다. 그러면 야곱과 이스라엘의 가장 중요한 차이가 무엇인지 아십니까?

야곱과 그의 형 에서는 원수였습니다. 야곱이 팥죽 한 그릇으로 장자인 에서의 축복을 가로챘기 때문입니다. 이에 분노한 에서는 야곱을 용서하지 못하고 계속해서 쫓아다닙니다. 그래서 야곱은 형을 '나를 괴롭힌 사람, 나를 죽이려고 하는 사람, 20년이 지나도 동생을 용서하지 못하는 사람'으로 여깁니다.

하지만 야곱이 변화되어 이스라엘이 된 후에는 형을 '나 때문에 20년 동안 가슴의 응어리를 풀지 못한 채 괴로워한 사람, 내 욕심 때문에 고통의 삶을 살아온 사람'으로 여기게 됩니다. 그렇게 형을 이해하고 사랑의 마음으로 대하게 되자 형 에서도 야곱을 용서하고 사랑하게 되었습니다. 원수도 하나님처럼 사랑하게 되는 문화, 이것이 바로 우리 그리스도인이 세상에서 이루어야 할 문화입니다.

적자생존이라는 말이 있습니다. 생존경쟁의 결과 그 환경에 맞는 것은 살아나고 그렇지 못한 것은 점차 멸망해가는 현상을 말합니다. 그런데 이 말의 참된 의미는 "네가 죽어야 내가 산다"는 것이 아니고 "너와 내가 조화를 이루어 살아가야 한다"는 것입니다. 이 말을 오늘날 한국 사회와 한국 교회에 적용시켜볼까요? 즉, 대기업이 중소기업을 죽여야 사는 것이 아니라, 대기업과 중소기업이 조화를 이루며 건강한 기업 윤리를 가지고 살아가야 한다는 것입니다. 대기업과 중소기업이 공생해야 건강한 사회를 만들 수 있다는 것입니다. 교회도 마찬가지입니다. 대형교회가 늘어나 인근의 개척교회를 무너뜨리는 것이 아니라, 대형교회와 개척교회가 조화를 이루며 살아가야 합니다. 정치인들을 보면 여당과 야당이 서로 깎아내리려고 할 때가 많은데, 그들 역시 서로 조화를 이루며 상생해야 합니다.

바로 이것이 우리가 세상 속에 심어야 할 문화입니다. 우리에게는 서로 조화를 이루는 문화, 생명의 문화, 서로를 사랑의 눈으로 바라보는 하나님의 문화를 이 세상에 꽃피워야 할 사명이 있습니다. 에덴동산에 선악을 알게 하는 나무가 있었듯, 이 세상에는 선의 문화와 악의 문화가 공존하고 있습니다. 이 세상에 어떠한 문화를 정착시킬지는 인간의 몫이며, 인간의 책임입니다. 여러분은 과연 어떤 문화를 만들어가고 있습니까? 주변을 돌아보면서 자신이 생명의 문화를 꽃피워가고 있는지 살펴보십시오. 혹시라도 사망의 문화를 키워가고 있다면, 생명의 문화를 창조해야 할 책임과 의무가 여러분에게 있다는 것을 다시 한 번 되새기십시오.

회복을 주는 메시지

하나님이 우리에게 만들어주신 문화는 의롭고 진실하고 선하며 아름다운 것이었습니다. 그런데 인간의 불순종이 이 아름다운 하나님의 문화를 타락하게 하여 사단의 문화로 변질시켜버립니다. 따라서 이 시대를 살아가는 그리스도인들은 자신이 있는 곳의 문화를 에덴의 문화, 하나님의 문화로 회복시키고 건설해가야 할 책임이 있습니다.

9

이웃, 내 사랑이 필요한 사람

네 마음을 다하며 목숨을 다하며 힘을 다하며 뜻을 다하여 주 너의 하나님을 사랑하고 또한 네 이웃을 네 자신같이 사랑하라(눅 10:27).

누가복음 10장을 보면 강도 만난 한 사람에
관한 이야기가 나옵니다.

어떤 사람이 예루살렘에서 여리고로 내려가다가 강도를 만나
매 강도들이 그 옷을 벗기고 때려 거의 죽은 것을 버리고 갔더
라 마침 한 제사장이 그 길로 내려가다가 그를 보고 피하여 지
나가고 또 이와 같이 한 레위인도 그곳에 이르러 그를 보고 피
하여 지나가되 어떤 사마리아 사람은 여행하는 중 거기 이르
러 그를 보고 불쌍히 여겨 가까이 가서 기름과 포도주를 그 상
처에 붓고 싸매고 자기 짐승에 태워 주막으로 데리고 가서 돌
보아주니라 그 이튿날 그가 주막 주인에게 데나리온 둘을 내

현 시대를 일컬어 '이웃 상실의 시대'라고 말할 수 있습니다. 옛날에는 살기는 조금 힘들어도 주변에 이웃들이 있었습니다. 먹고살기가 참으로 어려울 때지만 얻어먹는 것이 별로 부담스럽지 않았습니다. 그런데 지금은 확실히 살기가 좋아졌는데, 이웃은 점점 사라져가고 있습니다. 골목길에서 사람을 만나면 반갑기보다는 두려움이 앞설 때가 많을 정도입니다.

하나님의 말씀이 복잡하고 굉장히 많은 이야기를 하는 것 같아도 요약하면 '하나님 사랑'과 '이웃 사랑' 딱 두 마디입니다.

또한 하나님은 다음과 같이 말씀하십니다. "내가 진실로 너희에게 이르노니 너희가 여기 내 형제 중에 지극히 작은 자 하나에게 한 것이 곧 내게 한 것이니라 하시고 … 내가 진실로 너희에게 이르노니 이 지극히 작은 자 하나에게 하지 아니한 것이 곧 내게 하지 아니한 것이니라"(마 25:40, 45). 우리가 지극히 작은 자에게 행한 것이 하나님께 행한 것이라는 말은, 우리 주변의 어려운 사람들에게 잘해주는 것이 곧 하나님께 잘해드리는 것이라는 말입니다.

하나님께만 잘하고 주변의 힘들어하는 사람들은 외면한다면 참된 그리스도인이 아니라고 할 수 있습니다. 그래서 예수님은 누가복음 10장의 비유에서 강도 만난 사람에게 자비를 베푼 사마리아 사람처럼 이웃을 대하라고 말씀하십니다. 그렇다면 누가 과연 참된 이웃일까요? 누가복음 10장 30~35절 말씀을 기초로 하여 참된 이웃에 대해 살펴보겠습니다.

불쌍히 여기는 마음이 필요하다

첫째, 불쌍히 여기는 마음이 있는 사람이 참된 이웃입니다. 불쌍히 여기는 마음은 사랑해서 생기는 마음이며, 이 사랑은 모든 것에 우선한다는 사실을 알아야 합니다. 제사장과 레위인은 강도 만나 거의 죽게 된 사람을 보고 피해 갑니다. 하지만 사마리아 사람은 그를 불쌍히 여겨 구해줍니다. 자신의 갈 길도 바빴겠지만 제사장이나 레위인처럼 그냥 지나치지 않습니다. 살다 보면 그러한 측은지심과 자신의 유익이 상충될 때가 있습니다. 그럴 때 우리는 흔히 자신의 유익을 선택합니다. 그러다 보니 이웃이 사라져가고 있습니다.

한때 굉장히 유행했던 드라마 중에 〈허준〉이라는 드라마가 있었습니다. 아주 감동적인 장면이 많았는데 그중 한 장면을 소개하려고 합니다. 의사들이 과거 시험을 보려고 서울을 향하여 갑니다. 요즘은 지방에서 서울까지 한나절이면 충분히 가지만 옛날에는 지방에서 서울까지 가려면 며칠씩 걸렸잖아요. 가다가 주막에 머물러서 쉬기도 하고 하룻밤 묵기도 하면서 서울로 향합니다. 그러면 전국에서 올라오는 의사들이 주막에 머문다는 것을 알고 동네 환자들이 몰려듭니다. 그리고 보통 다음 날이 되면 의사들은 또다시 서울을 향해 모두 떠납니다.

그런데 한 사람이 허준에게 자기 집에 가서 가족의 병을 고쳐달라고 부탁합니다. 빨리 치료해주고 시험 보러 가야 하는데 그 집이 너무 멀어 산 넘고 물 건너 한참 가게 되자, 시험을 못 볼 수도 있겠다는 생각에 허준은 갈등을 느낍니다. 대부분의 사람은 이럴 때 환자를 포기하고 시험을 보러 떠날 것입니다.

하지만 허준은 다릅니다. '내가 결국 무엇을 하려고 하는가? 의사가 되려고 하는 것 아닌가? 그럼 왜 의사가 되려고 하는가? 죽어가는 사람을 살리려는 것이다. 그렇다면 지금 이 죽어가는 사람을 지나쳐서야 되겠는가? 이 사람을 살리는 것이 의사의 사명이다'라고 생각하며 시험을 포기하고 그 사람을 고칩니다. 허준이 훌륭한 이유는 우리가 못하는 일을 했기 때문입니다.

그것을 보면서 그 순간 주님의 음성이 내 마음속에 들려왔습니다. '사랑하는 내 종아, 네가 저런 경우를 겪으면 어떻게 하겠느냐?' '당해봐야 알겠지만 시험 보러 갈 것 같아요. 갔다가 시험보고 올 때 고쳐줄게요.' '그 사이에 죽으면 어떡하느냐?' 그래서 제가 그 드라마를 보다가 회개했습니다. 불쌍히 여기는 마음이 있을 때 바로 참된 이웃이 될 수 있습니다.

희생할 줄 알아야 한다

둘째, 돈을 들여 희생할 줄 아는 사람이 참된 이웃입니다. 자기를 위해서 벌고 자기를 위해서 쓰는 사람은 많은데, 남을 위해서 벌고 남을 위해서 쓰는 사람이 없기 때문에 세상이 삭막해지고 힘들어지는 것입니다.

사마리아 사람은 강도 만난 사람에게 기름과 포도주를 부어 치료하고 숙박비까지 지급합니다. 기름과 포도주는 당시 치료제였는데, 기름은 상처의 통증을 없애고 포도주는 살균 역할을 해줬던 것입니다. 옛날에는 약이 귀했잖아요. 그런데 그 약을 타인을 위해 아낌없이 쓴 것입니다. 게다가 두 데나리온을 건네며 돈이 더 들면 돌아오는 길에 주겠다고 합니다. 한 데나리온은 그 당시 하루치 품삯입니다. 그러면 두 데나리온은 이틀치 품삯인데, 그것을 생전 처음 보는 사람을 위해 사용한 것입니다. 여행 중에 만난 사람을 위해 그처럼 하기는 쉬운 일이 아닙니다. 그 사마리아 사람은 진정한 이웃 사랑을 실천할 줄 아는 사람이었던 것입니다.

내 형제들아 만일 사람이 믿음이 있노라 하고 행함이 없으면 무슨 유익이 있으리요 그 믿음이 능히 자기를 구원하겠느냐 만일 형제나 자매가 헐벗고 일용할 양식이 없는데 너희 중에 누구든지 그에게 이르되 평안히 가라, 덥게 하라, 배부르게 하라 하며 그 몸에 쓸 것을 주지 아니하면 무슨 유익이 있으리요 (약 2:14~16).

행함이 없는 믿음은 죽은 믿음입니다. 하나님의 말씀을 듣기만 할 것이 아니라 삶 속에서 실천할 수 있어야 합니다. 전도하다 보면 생활이 어려운 이들도 많이 보게 될 것입니다. 그들에게는 생명의 양식인 하나님 말씀도 분명 필요하지만 당장 먹고사는 게 시급한 문제입니다. 그러한 사람들에게 자신의 돈을 들여 생활에 실질적인 도움이 될 수 있다면 그것 또한 그리스도의 복음과 사랑을 전하는 길이 될 것입니다.

그러므로 사람이 선을 행할 줄 알고도 행하지 아니하면 죄니라(약 4:17).

주변을 돌아보십시오. 도움의 손길이 필요한 곳이 많을 것입니다. 그러한 사람들을 그냥 지나친다면 그것 또한 죄가 될 수 있습니다.

누가 이 세상의 재물을 가지고 형제의 궁핍함을 보고도 도와줄 마음을 닫으면 하나님의 사랑이 어찌 그 속에 거하겠느냐 자녀들아 우리가 말과 혀로만 사랑하지 말고 행함과 진실함으로 하자(요일 3:17~18).

혼자만 알고 있기에는 가슴 벅찬 하나님의 사랑을 이웃에게 전하고 싶습니까? 그들에게 말로만 "하나님은 사랑이십니다"라고 하지 말고 당신의 진실한 행동을 통해 하나님의 사랑을 보여주십시오.

왜 삭개오가 예수님께 칭찬을 들은 줄 아세요? 삭개오는 진정한 이웃 사랑을 베풀 줄 아는 사람이었기 때문입니다.

이웃도 하나님처럼 대하라

셋째, 이웃은 하나님께도 잘하고 사람에게도 잘하는 사람입니다. 강도 만난 사람을 그냥 지나친 제사장이나 레위인은 진정한 이웃이 아니라고 했습니다. 그렇다면 그들이 나쁜 사람입니까? 아닙니다. 그들은 그저 자기를 지키기에 철저한 사람이었을 뿐입니다. 자신의 본업에 충실했던 것입니다.

> 그때에 사람의 시체로 말미암아 부정하게 되어서 유월절을 지킬 수 없는 사람들이 있었는데 그들이 그날에 모세와 아론 앞에 이르러 그에게 이르되 우리가 사람의 시체로 말미암아 부정하게 되었거니와 우리를 금지하여 이스라엘 자손과 함께 정한 기일에 여호와께 헌물을 드리지 못하게 하심은 어찌함이니이까(민 9:6~7).

시체를 만지고 부정해지면 유월절을 지킬 수 없었다고 합니다. 그러니 이 제사장이 죽어가는 사람을 도우려다가 만약에 그 사람이 죽어버리면 부정해져서 하나님께 제사를 못 드리게 되는 것입니다.

요즘 식으로 말하자면 이렇습니다. 제가 사택에서 교회까지 운전하고 오는데 누가 뺑소니차에 치여서 죽어가고 있습니다. 그러면 설교하러 와야 합니까, 응급실에 가야 합니까? 교인 수천 명이 기다리고 있더라도, 예배 시간에 조금 늦더라도 우선 사람부터 살려야 하겠지요.

그런데 그때 당시는 이러한 결정을 내리는 것이 지금보다 훨씬 어려운 상황이었다는 것입니다. 죽어가는 사람을 도우려다 제사장으로서의 일을 못하게 될 수도 있으니, 모른 척하고 지나갈 수밖에 없었던 것입니다.

그러나 예수님은 이렇게 말씀하십니다.

즉, 제사장이 해야 할 일은 번제인데, 하나님은 그 번제보다 인애를 원하신다는 것입니다.

미가서 6장에도 이런 말이 나옵니다. "사람아 주께서 선한 것이 무엇임을 네게 보이셨나니 여호와께서 네게 구하시는 것은 오직 정의를 행하며 인자를 사랑하며 겸손하게 네 하나님과 함께 행하는 것이 아니냐"(미 6:8).

마태복음에도 비슷한 말씀이 나옵니다. "예수께서 들으시고 이르시되 건강한 자에게는 의사가 쓸 데 없고 병든 자에게라야 쓸 데 있느니라 너희는 가서 내가 긍휼을 원하고 제사를 원하지 아니하노라 하신 뜻이 무엇인지 배우라 나는 의인을 부르러 온 것이 아니요 죄인을 부르러 왔노라 하시니라”(마 9:12~13).

왜 예수님이 위대합니까?

한 나병환자가 나아와 절하며 이르되 주여 원하시면 저를 깨
끗하게 하실 수 있나이다 하거늘 예수께서 손을 내밀어 그에
게 대시며 이르시되 내가 원하노니 깨끗함을 받으라 하시니
즉시 그의 나병이 깨끗하여진지라(마 8:2~3).

그 당시 율법으로는 한센병 환자들과 접촉하면 부정해진다
고 했는데, 예수님은 율법을 지키는 일보다는 사랑을 실천하는
것을 우선으로 삼아 참된 이웃이 되어주었습니다. 주님이 율법
적으로 접근하시면 구원받을 사람 아무도 없습니다. 사랑으로
접근하시니 우리 같은 죄인도 구원받을 수 있는 것입니다.

오늘날 한국 교회에 아쉬운 점은, 하나님 앞에서만 잘하려고
하고 교회 내에서만 잘하려고 한다는 것입니다. 그래서 이웃은
생각하지 않고 율법만 강조하며, 교회 밖에서는 하나님의 사랑
을 실천하지 못하고 있습니다. 율법은 있는데 은혜가 없고, 공
의는 있는데 자비가 없는 것입니다.

당신도 혹시 하나님을 사랑한다고 하면서 부모와 형제, 이웃은 미워하고 있지 않습니까? 내 몸과 같이 이웃을 사랑하라는 하나님의 뜻대로 사랑을 실천하며 살 수 있기를 바랍니다. 하나님은 하늘에만 계신 것이 아닙니다. 우리 주위의 가장 작은 사람에게 선한 일을 베푼 것이 곧 하나님께 베푼 것이라고 했습니다. 그 사실을 가슴에 새기며 사십시오.

여러분은 진정한 이웃입니까? 주변을 돌아보면, 이웃이 필요한 사람이 많을 것입니다. 그들에게 가서 이웃이 되어주십시오. 그것이 바로 우리가 그리스도인으로서 감당해야 할 본분입니다.

이웃을 바라보는 자세

마가복음 2장 23~28절을 보면 다음과 같은 사건이 나옵니다. 예수님이 안식일에 제자들과 함께 밀밭 사이로 지나가실 때, 제자들이 이삭을 잘라서 비벼먹은 것입니다. 그때 사람들은 예수님을 향해 안식일에 하지 못할 일을 했다며 시비를 겁니다. 그러자 예수님은 율법에만 얽매여 있는 그들을 향해 다음과 같이 대답하십니다.

다윗이 자기와 및 함께한 자들이 먹을 것이 없어 시장할 때에 한 일을 읽지 못하였느냐 그가 아비아달 대제사장 때에 하나님의 전에 들어가서 제사장 외에는 먹어서는 안 되는 진설병을 먹고 함께한 자들에게도 주지 아니하였느냐 또 이르시되 안식일이 사람을 위하여 있는 것이요 사람이 안식일을 위하여 있는 것이 아니니(막 2:25~27).

그리고 뒤이어 나오는 마가복음 3장 1~6절을 보면 안식일에 예수님이 병자를 고치신 일을 두고 일어나는 갈등이 묘사되어 있습니다. 예수님은 안식일을 범한다는 질타를 받아가면서도 한쪽 손이 마른 사람을 사랑의 대상으로 보시고 치료해주셨습니다. 그러면 우리는 예수님의 제자로서 이웃을 어떠한 관점으로 바라봐야 할까요?

사랑의 관점 vs 율법의 관점

신앙생활을 하는 동안 우리는 본질은 잊은 채 현상만 붙들고 살아갈 때가 있습니다. 사랑이 없으면 아무것도 아닙니다. 그런데 모든 것을 율법적 관점으로만 바라보니 서로 용서하지 못하고 이해하지 못하여 문제를 일으키게 됩니다. 율법을 지키는 것은 물론 옳은 일이고 훌륭한 일입니다. 하지만 그 안에는 반드시 사랑의 정신이 깃들어 있어야 합니다. 이웃 또한 율법을 따지기 이전에 사랑의 관점으로 보아야 한다는 것입니다.

사랑은 이웃에게 악을 행하지 아니하나니 그러므로 사랑은 율법의 완성이니라(롬 13:10).

율법의 정신은 사랑입니다. 율법의 동기도 사랑입니다. 한쪽 손이 마른 자를 사랑의 관점으로 보았다면, 그를 치료하는 것이 안식일을 범하고 율법에 저촉되는 일이라 할지라도 고쳐 달라고 예수님께 간구했어야 옳은 것입니다. 설령 예수님께서 "오늘은 안식일이라 어렵겠다" 하고 말씀하셔도 "예수님, 안식일이라고 해서 치료해주시지 않으면 내일은 저 사람을 못 만날지도 모르잖아요. 지금 바로 치료해주실 수 있는데 왜 저 사람에게 하루의 고통을 더하게 하시려 합니까? 고쳐주세요!"라고 말해야 진정한 율법의 정신을 실현하는 것이라고 말할 수 있습니다.

고린도전서 13장 3절에 이런 말씀이 나옵니다. "내가 내게 있는 모든 것으로 구제하고 또 내 몸을 불사르게 내줄지라도 사랑이 없으면 내게 아무 유익이 없느니라." 사랑이 없는 모든 수고는 헛된 것입니다. 창세기 4장에서 가인의 제사가 하나님께 열납되지 않은 이유도 바로 사랑이 빠진 제사였기 때문입니다. 안식일에 사람을 치료하려고 한다고 예수님을 송사하려는 바리새인들의 가장 큰 잘못도, 율법만 중시하며 사랑의 관점으로 바라보지 못한 것입니다.

안식일에 선을 행하는 것과 악을 행하는 것 중 어느 것이 옳을까요? 당연히 선을 행하는 것이 옳지 않겠습니까?

자기 아버지나 아들이 아프면 안식일에 치료하는 것이 옳지
못하다고 주장할까요? 양은 자신의 유익과 관계있고, 타인은
자신의 유익과 관계없으니 율법을 강조하며 옳고 그름을 따지
는 것입니다. "나와 같이 모든 일에 모든 사람을 기쁘게 하여 자
신의 유익을 구하지 아니하고 많은 사람의 유익을 구하여 그들
로 구원을 받게 하라"(고전 10:33) 하는 마음으로 이웃을 바라봐
야 합니다.

단, 조심해야 할 것은, 사랑 없이 율법만 지켜도 안 되지만 사
랑만 있으면 율법을 지키지 않아도 된다는 생각도 옳지 않다는
것입니다. 사랑과 율법이 조화를 이루는 가운데 어느 것을 하
나님께서 기뻐하실지 매사에 지혜를 구하며 행해야 합니다.

지금 여러분은 어떠한 관점으로 이웃을 바라보고 있습니까?
사랑의 관점, 긍정적 관점, 사람을 살리는 관점을 가지고 살아

가기를 바랍니다. 안식일에도 병자를 고쳐주시고 사랑을 베푸시고 그를 변화시켜 구원하신 예수님의 관점으로 이웃을 바라보며 사십시오.

회복을 주는 메시지

당신도 혹시 하나님을 사랑한다고 하면서 부모와 형제, 이웃은 미워하고 있지 않습니까? 내 몸과 같이 이웃을 사랑하라는 하나님의 뜻대로 사랑을 실천하며 살 수 있기를 바랍니다. 하나님은 하늘에만 계신 것이 아닙니다. 우리 주위의 가장 작은 사람에게 선한 일을 베푼 것이 곧 하나님께 베푼 것이라고 했습니다. 그 사실을 가슴에 새기며 사십시오.

10

교회가 살아야 사회가 산다

그들이 날마다 성전에 있든지 집에 있든지 예수는 그리스도라고 가르치기와
전도하기를 그치지 아니하니라(행 5:42).

교회가 무엇을 하는 곳입니까? 문제를 가진 사람들이 나와서 해결 받는 곳입니다.

저물매 사람들이 귀신 들린 자를 많이 데리고 예수께 오거늘 예수께서 말씀으로 귀신들을 쫓아내시고 병든 자들을 다 고치시니 이는 선지자 이사야를 통하여 하신 말씀에 우리의 연약한 것을 친히 담당하시고 병을 짊어지셨도다 함을 이루려 하심이더라(마 8:16~17).

여러분도 교회에 올 때는 조금 무거운 마음으로 왔을지라도 갈 때는 가볍게, 올 때는 병들어 왔어도 갈 때는 치료받고, 올 때는 우울하게 왔을지라도 갈 때는 즐겁게 갈 수 있기를 바랍니다. 예수님도 말씀하셨습니다.

이것이 곧 하나님이 원하시는 것이요, 교회가 해야 할 일입니다. 그런데 세월이 흐르면서 교회가 그 기능을 잘 감당하지 못하고 있는 것은 아닌가 하는 생각이 듭니다. 그러면 교회의 본질과 사명에 대해 살펴봅시다.

교회의 본질과 사명

듣기만 해도 끔찍한 사건들이 갈수록 늘어납니다. 상식적으로 도저히 이해할 수 없는 범죄 행각들을 보면서 그것이 과연 법으로 해결이 될 문제인가, 방송매체를 통해서 해결이 될 문제인가, 하는 생각이 듭니다. 이러한 문제들을 해결할 기관은 이 땅 위에 교회밖에 없다고 생각합니다.

그런데 문제는 교회가 그런 능력을 상실해가고 있는 것입니다. 교회가 정체성을 잃어버린 것은 아닐까요? 교회가 그 본질을 잊고 있는 것은 아닐까요? 왜 세상에 교회가 있어야 하는지, 교회가 이 세상에서 해야 할 일이 무엇인지 생각해볼 때입니다. 교회의 본질과 현상이 왜곡되고, 해야 할 일의 우선순위가 바뀌고 있는 것은 아닌지 돌아봐야 합니다.

또 내가 네게 이르노니 너는 베드로라 내가 이 반석 위에 내 교회를 세우리니 음부의 권세가 이기지 못하리라(마 16:18).

감히 음부의 권세가 이기지 못하는 곳이 교회인데, 지금 이 땅의 교회들은 사망 권세에게 지고 있지는 않습니까? 교회조차 악한 영들에 사로잡혀 분쟁이 끊임없이 일어나고 있지는 않습니까? 하나님의 말씀보다 세상의 명예와 권력을 더욱 중시하고 있지는 않습니까?

이에 가르쳐 이르시되 기록된 바 내 집은 만민이 기도하는 집이라(막 11:17).

만민이 기도하는 집인 교회에 기도가 살아 있어야 함은 당연한 것인데, 이 땅의 교회에 기도의 손이 말라가고 있지는 않습니까? 하나님께서는 한 명보다 두 명, 두 명보다 열 명의 기도를 더욱 잘 들으신다고 하셨습니다. 또한 하나님의 이름으로 여러 사람이 모인 곳에 함께하신다고 말씀하셨습니다. 이 땅의 회복을 위해 함께 모여 기도하는 자리가 많아져야겠습니다. 그 자리에 하나님께서 역사하실 것입니다.

우리 한국 교회가 초대교회와 같은 모습을 회복할 수 있기를 축원합니다. 그럴 때 이 사회도 건강하게 회복될 것입니다.

하나님 앞과 살아 있는 자와 죽은 자를 심판하실 그리스도 예수 앞에서 그가 나타나실 것과 그의 나라를 두고 엄히 명하노니 너는 말씀을 전파하라 때를 얻든지 못 얻든지 항상 힘쓰라 범사에 오래 참음과 가르침으로 경책하며 경계하며 권하라 (딤후 4:1~2).

그들이 날마다 성전에 있든지 집에 있든지 예수는 그리스도라고 가르치기와 전도하기를 그치지 아니하니라 (행 5:42).

그런데 오늘날 그리스도인들이 이 말씀대로 행하고 있습니까? 일주일 동안 세상에 나가 살면서 사람들을 만날 때마다 복음을 전해야 합니다.

"이 사람아, 나 예수 믿는데 너무 좋네. 자네도 교회 나가세. 예수 믿게. 자네가 인정하든 안 하든 자네는 아직 세상에 속한 사람 아닌가? 그러면 세상을 지배하는 마귀의 영향 아래 사는 것이라네. 그러니 하나님 믿으세. 하나님 영향권에 들어오면 자네 영혼도 천국으로 간다네."

이렇게 누구든지 만날 때마다 복음을 전하면, 이 세상에 하나님 나라가 이루어지지 않겠습니까?

그런데 요즘은 교회가 "안 올 거면 말라고 해. 그런 사람 아니어도 올 사람 많아" 하고 세상에 배짱을 부리고 있는 것 같습니다. 교회에 오고 싶어 하는 사람들도 제대로 인도하지 않고 알아서 오라고 하고, 새신자들을 따뜻하게 품지 못하며 교회 내에서만 뭉치고 복 받아 잘살고자 하는 교인들이 늘고 있는 것 같습니다.

그러나 너는 모든 일에 신중하여 고난을 받으며 전도자의 일을 하며 네 직무를 다하라(딤후 4:5).

매일 기도에 힘쓰고 복음을 전파하며 하나님의 일을 하다 고난을 받는 것이 교회의 사명인데, 이런 본질을 잃어버린 교회가 얼마나 많은지 모릅니다.

기도와 전도를 아무리 열심히 해도 별 성과가 없는 것 같다고 말하는 사람들이 있습니다. 하지만 열매가 있든 없든 그것은 차후 문제입니다. 그것은 우리가 할 일이 아니라 주님께서 하실 일입니다. 우리는 그저 주님의 명령대로 말씀을 전파하고 열심히 기도해야 합니다. 그러면 주님이 역사하시고 책임지실 것입니다.

이 땅에 하나님 나라를

세상에는 악한 영에 사로잡혀 언제 어떻게 폭발할지 모르는, 언제 무슨 일을 저지를지 모르는 사람들이 많이 있습니다. 그들에게는 공통점이 있습니다. 지금 이 세상에 살고 있지만 곧 지옥의 삶을 맛보고 산다는 것입니다.

아무리 생활이 힘들고 어려워도, 육신이 병들어 하루하루 지치고 곤한 삶을 살더라도, 마음속에 예수님을 모시면 그곳이 곧 천국입니다.

그런데 그것을 모르고 하루하루 고통스럽게 사는 사람들이 있습니다. 돈 벌면 천국이 올 것 같습니까? 지금 당장 겪고 있는 어려움만 해결되면 천국이 올 것 같습니까? 아닙니다. 천국은 그런 문제들이 해결된다고 오는 곳이 아닙니다.

지옥 같은 삶을 살며 괴로워하는 심령들, 자신뿐만 아니라 다른 사람들의 삶까지 무너뜨리는 사람들의 마음속에 숨어 있는 악한 영을 몰아내주고, 그 안에 예수님을 모시게 하는 것, 그것이 사람 속에 하늘나라를 이루게 하는 것입니다. 또한 그것이 곧 참된 전도입니다. 회개한 심령 속에 하나님의 나라가 이뤄집니다. 그래서 지금도 "회개하라 천국이 가까이 왔느니라"(마 3:2) 같은 말씀이 교회에서 선포되어야 합니다.

천국과 지옥은 가봐야만 아는 곳이 아닙니다. 우리는 이 땅에서 이미 천국과 지옥을 맛보고 삽니다. 여러분 안에 하나님의 나라가 이루어졌나요? 그렇다면 다른 사람들 마음속에도 하나님의 나라를 이루게 합시다. 그것이 참된 교회의 사명이요, 이 땅에 교회가 있어야 할 이유입니다.

회개하고 주님을 마음속에 모십시오. 주님께 마음을 열고 모든 죄와 허물을 용서받고 심령에 천국을 이룰 수 있도록, 가정과 사회, 전 세계에 하나님 나라가 이루어질 수 있도록, 그리하여 이 땅을 바꾸고 회복시키는 역사가 있도록 하나님께 간절히 구합시다.

작은 것을 통해 일하시는 하나님

우리가 자꾸 속는 것이 하나 있습니다. 큰 것만 최고인 줄 아는 것입니다. 규모만 커지면 성공한 것으로 압니다. 그러나 성경은 꼭 그렇게만 보지는 않습니다. 작은 것도 중요하다고 합니다. 작은 것도 성공한 것이라고 합니다. 왜 하나님께서 작은 민족 이스라엘을 택하셨을까요?

작은 것들을 통해 세상에서 가장 큰 일들을 행하시는 것이 바로 하나님의 능력입니다. 하나님은 그로 인해 더 큰 영광을 받으실 수 있습니다.

사업장이 작다고, 직장이 작다고, 월급이 적다고, 자신의 능력이 부족하다고 부끄러워하지 마세요. 하나님은 그 작은 것들을 통해서 몇천 배, 몇만 배의 열매를 맺으실 것입니다.

고려 말 문신이었던 문익점이 원나라에 갔다가 목화를 봤습니다. 그때 우리나라에서는 삼베옷을 주로 입었습니다. 목화를 본 그의 마음속에 '이것을 우리나라에 가져가서 보급하면 좋겠다. 추운 겨울도 따뜻하게 지낼 수 있겠구나' 하는 생각이 떠오릅니다.

그는 잘못하면 생명을 잃을 수도 있는 위험을 무릅쓰고 목화씨 몇 개를 붓대 속에 숨겨 와서 심습니다. 그것이 점점 자라 열매를 맺고 다시 심고 거두는 과정을 거쳐 온 나라에 목화가 가득하게 됩니다. 그리고 우리나라 사람들도 따뜻한 솜옷을 입을 수 있게 됩니다.

한 사람의 희생이, 목화씨 몇 개가 온 나라를 덮어 유익하게 만들었듯, 믿음의 사람들의 선한 영향력이 전 세계에 미쳐야 합니다.

모세가 하나님께서 택하신 백성을 약속의 땅으로 인도하고, 아브라함이 그 믿음으로 큰 민족을 만들어내고, 사도 바울이 전 세계 복음화 역사를 이뤄냈듯, 하나님의 일은 미약한 한 사람, 작은 것으로부터 시작됩니다. 오늘 당신의 삶이 비록 작고 보잘것없을지라도, 하나님과 함께하면 당신을 통해 위대한 역사가 이루어질 수 있습니다.

"하나님, 나는 작고 어리고 부족한 것이 너무 많습니다. 하지만 하나님의 위대함을 믿습니다. 부족한 나를 통하여 아버지의 큰일을 이루시옵소서" 하고 기도합시다.

그리하여 당신 또한 이 세상이 감당할 수 없는 하나님의 사람이 될 수 있기를 원합니다. 가정과 사회, 교회, 국가에서 한 알

의 밀알이 되어 당신을 통해 많은 열매가 맺힐 수 있기를 축원
합니다.

회복을 주는 메시지

듣기만 해도 끔찍한 사건들이 갈수록 늘어납니다.
상식적으로 도저히 이해할 수 없는 범죄 행각들을
보면서 그것이 과연 법으로 해결이 될 문제인가, 방
송매체를 통해서 해결이 될 문제인가, 하는 생각이
듭니다. 이러한 문제들을 해결할 기관은 이 땅 위에
교회밖에 없다고 생각합니다.